Ingrid Biermann

Herbstzeit mit Klara und den Mäusen

Ingrid Biermann

Herbstzeit mit Klara und den Mäusen

Herbst im Kindergarten erleben

HERDER

FREIBURG · BASEL · WIEN

1. Auflage der Neuausgabe
(4. Gesamtauflage)

www.herder.de

Umschlaggestaltung und -konzeption:
R·M·E München / Roland Eschlbeck, Rosemarie Kreuzer
Umschlag- und Textillustrationen: Angela Weinhold, Essen
Layout & Satz: Layoutsatz Kendlinger, Freiburg

Gesamtherstellung: fgb · freiburger graphische betriebe
www.fgb.de

Gedruckt auf umweltfreundlichem, chlorfrei gebleichtem Papier
Printed in Germany

ISBN 978-3-451-32261-7

Inhalt

Inhalt der hellbraunen Seiten

Körpererfahrung und Kreativität

Das besondere Angebot

Vorwort

Die bewusste Wahrnehmung der Jahreszeiten, ihrer natürlichen Rhythmen und Veränderungen in der Natur sind bedeutsame Erfahrungen des Lebens von Kindern wie Erwachsenen. Der Herbst ist die Jahreszeit der Ernte und der bunten Farben. Getreide und Obst werden nun reif. Die Laubwälder sind bunt gefärbt und laden zum Spazierengehen und zum Sammeln ein: Kastanien und Eicheln finden sich in Hülle und Fülle. Der Herbst ist aber auch die Zeit, in der der Sommer sich verabschiedet. Die Tage werden kürzer, Herbststürme ziehen durchs Land und Regentage kündigen an, dass die kalte Jahreszeit nicht mehr weit entfernt ist.
So weckt der Herbst die unterschiedlichsten Gefühle und Bedürfnisse. Er mobilisiert noch einmal die Kräfte und ruft die Tiere wie die Menschen auf, für schlechtere Zeiten vorzusorgen. Jeder weiß genau, was zu tun ist. Der eine legt sich ein dickes Fell zu, der andere legt einen Vorrat an, der Nächste wandert für die kalte Zeit aus. Der Herbst ist aber auch dazu da, um noch einmal zu genießen, um sich mit Eindrücken, Licht und Wärme zu versorgen, damit man den kalten Winter mithilfe der Erinnerungen erholsam verbringen kann.
Wenn Sie mit Ihren Kindern diese spannende Jahreszeit mit allen Sinnen erforschen und mit Freude erleben wollen, dann darf ich Sie ganz herzlich zu einer unvergesslichen Reise durch die Herbstzeit mit der liebenswerten, freundlichen und hilfsbereiten Maus Klara einladen.

Klara, die Herbstmaus, möchte mit Ihnen, Ihren Kindern, zahlreichen Gästen und mit vielen neuen Ideen den Herbst entdecken. Sie möchte mit Ihnen spielen, träumen, singen und natürlich Vorräte sammeln.
Einigen von Ihnen ist Klara vielleicht schon als Weihnachts-, Frühlings- oder Sommermaus bekannt. Dann wissen Sie, wie begeistert die Kinder von der kleinen Maus sind und wie intensiv sie die Reisen durch die Jahreszeiten erleben.
Das Konzept ist ganz einfach umzusetzen – wenn Sie Klara durch dieses Buch zum ersten Mal kennen lernen, erfahren sie im nächsten Kapitel mehr darüber.
Eine Herbstlandschaft, in der Klara mit vielen anderen kleinen Herbstmäusen lebt, bildet den Rahmen dieses Projektes. Täglich wechselnde Angebote regen die Kinder zu Gesprächen, zum Träumen, zum Verweilen und zum Spielen an und sorgen dafür, dass sie den Herbst hautnah erleben. Sie finden in diesem Buch neue Lieder, Geschichten, Klanggeschichten, Körperwahrnehmungsspiele und vieles mehr. Kombiniert mit Ihren eigenen Ideen, altbekannten Liedern und Spielen, Bilderbüchern und den Ideen der Kinder wird die Reise durch die Herbstzeit ein spannendes Erlebnis, von dem Sie in der kommenden kalten Jahreszeit noch lange zehren können.
Die Maus Klara sorgt dafür, dass der Herbst nicht trüb und grau, sondern kunterbunt und spannend wird. Ich wünsche allen, die sich gemeinsam mit Klara auf die Reise durch die Herbstzeit machen möchten, intensive Erlebnisse und viel Spaß.

Ingrid Biermann

Anleitung für die praktische Umsetzung des Konzeptes

Den Rahmen für das Konzept bilden Klara und ihre Ferienmäusekinder, die täglich ein anderes Angebot zum ganzheitlichen Erleben des Herbstes und seiner Themen mitbringen.

Während der Reise durch den Herbst lebt Klara, eine dicke gelbe Steinmaus, mit fünf kleinen gelben, mehreren roten, blauen und hellbraunen Steinmäusen in einer farbenfrohen Herbstlandschaft. Diese kann gemeinsam mit den Kindern auf einem Tapeziertisch oder in einer freigeräumten Zimmerecke hergestellt werden, nachdem Klara in der Einstiegsgeschichte vorgestellt wurde. Aus bunten Blättern, Kastanien, Eicheln, Moos und anderen Natur- oder Dekomaterialien entsteht ein „Bühnenbild", das die Grundlage für den Herbstkalender bildet. Alle Mäuse werden am Anfang der Reise in dieser Herbstlandschaft platziert. Jeden Tag wird eine kleine Maus aus der Landschaft entnommen. Sie bestimmt mit ihrer Farbe das Angebot für den nächsten Tag und lädt zum Geschichtenhören, Singen, Spielen, Raten oder Basteln und vielem mehr ein. Die kleinen Mäuse sind rot, blau, hellbraun und gelb. Ihre Farbe kennzeichnet ihr besonderes „Talent" und legt die herbstliche Aktivität des folgenden Tages fest:

Die roten Mäuse sind besonders musikalisch. Wird eine rote Maus aus der Landschaft genommen, können sich die Kinder auf ein Lied, einen Tanz oder eine Klanggeschichte freuen (**rote Seiten im Buch**).

Die blauen Mäuse interesieren sich für die Natur, das Wetter und die Tiere im Herbst. Wird eine blaue Maus aus der Landschaft genommen, bringen sie eine Reim-, Mitmach- oder Malgeschichte, manchmal auch ein Fingerspiel oder ein Märchen mit (**blaue Seiten im Buch**).

Die hellbraunen Mäuse lieben die Bewegung, genießen die Entspannung und sie basteln gern. Wird eine hellbraune Maus aus der Landschaft genommen, gibt es ein Bewegungs- oder Rhythmikangebot, eine Entspannungsreise oder ein Bastelangebot (**hellbraune Seiten im Buch**).

Die fünf gelben Mäuse werden, anders als die anderen Mäuse, jeweils an einem feststehenden Termin zur „Tagesmaus“: am ersten Tag der Herbstreise, an den folgenden Montagen und am letzten Tag. Sie hören sich am liebsten Geschichten von und über Klara an. Kein Wunder, dass diese Tage auch „Klaratage“ genannt werden (**gelbe Seiten im Buch**).

Für jede entnommene Maus wird eine Nuss in die Landschaft gelegt. Diese kann von den Kindern mit vielen gesammelten Herbstschätzen täglich verändert werden. Zum Abschluss des täglichen Angebots darf die „Tagesmaus“ von einem Kind mit nach Hause genommen werden. Klara, die dicke gelbe Maus, begleitet die Kinder während der gesamten Reise durch den Herbst. Erst am letzten Tag verschwindet sie und kommt, wenn alle Glück haben, irgendwann zurück.

Die Weitergabe der „Tagesmaus“ an ein Kind in der Gruppe und das Herausnehmen der Tagesmaus für den folgenden Tag ist eingebettet in ein gleich bleibendes tägliches Ritual (siehe Seite 12).

Der Herbstkalender kann von Ihnen flexibel gestaltet werden. So können Sie die Herbstreise z. B. am kalendarischen Herbstanfang starten. Möglich ist es aber auch, ein Herbstfest oder das Erntedankfest als Höhe- und Endpunkt festzulegen. Dann muss entsprechend zurückgerechnet werden, um den ersten Tag der Herbstreise zu bestimmen. Eine Möglichkeit für einen fröhlichen Schlusspunkt der Reise bietet das besondere Angebot (siehe Seite 122).

Auch im Hinblick auf die Gruppengröße kann das Angebot variiert werden, d. h. die Geschichten können verkürzt oder die einzelnen Angebote über mehrere Tage verteilt bzw. besprochen werden. Dann werden nur die Mäuse vergeben

und das Angebot entfällt. Wichtig ist, dass jedes Kind eine Herbstmaus bekommt. Stehen Ihnen weniger Tage zur Verfügung, als Sie Kinder in der Gruppe haben, können Sie Wochenendmäuse verteilen: Dazu werden am Montag zusätzlich zur „Tagesmaus", die das Angebot bestimmt hat, zwei weitere Mäuse verteilt. Für diese hat kein Angebot stattgefunden.

Ich habe in diesem Fall für 24 Kinder geplant, d.h. für 24 Angebotstage (fünf gelbe Mäuse, sechs blaue Mäuse, sechs rote Mäuse und sieben hellbraune Mäuse). Die Anzahl der Angebote im Buch ist aber wesentlich größer, so können Sie frei auswählen oder aber auch die Reise verlängern, wenn sich herausstellt, dass das Thema Herbst nicht erschöpfend behandelt ist (dann müssen natürlich entsprechend mehr Mäuse gebastelt werden).

Lassen Sie sich von einer bunten Mischung aus Liedern, Spielen, Geschichten und vielem mehr auf eine Reise durch den Herbst einladen, die das gemeinsame, intensive Erleben dieser Jahreszeit zu einem ganz besonderen Erlebnis macht.

Herstellung der Herbstmäuse

24 mausförmige Steine und ein etwas dickerer Stein werden gesammelt und gesäubert. Mit einer gut deckenden Farbe werden fünf Steine gelb, sechs Steine rot, sechs Steine blau und sieben Steine hellbraun angemalt und eventuell nach dem Trocknen farblos lackiert. Der dickere Stein wird ebenfalls gelb angemalt, er wird die Maus Klara.

Nun werden den Mäusen mit Heißkleber Ohren aus Pappe, Leder, Filz oder kleinem Steinsplitt, ein Schwanz aus Wolle oder Leder, Augen aus Pappe und Barthaare aus Besenhaaren angeklebt.

Wenn der Ablauf der Herbstreise einen kalendarischen Charakter bekommen soll, können den Mäusen (farblich gut gemischt) fortlaufende Zahlen aufgeklebt werden. So ist bereits das Suchen der Tagesmaus mit viel Spaß verbunden. Sollten Sie sich für die Variante mit den Zahlen entscheiden, so denken Sie bitte daran, dass die kleinen gelben Mäuse die Montagsmäuse sind und entsprechend nummeriert werden müssen.

Anleitung für das Tagesritual

Den Abschluss jeden Tages der Herbstreise mit Klara bildet ein gleich bleibendes Ritual. Dazu sitzen die Kinder in einem Stuhlkreis, mit Blick zur gemeinsam erstellten Herbstlandschaft. Die „Tagesmaus" wird bei ruhiger Musik im Kreis herumgegeben. Sie sucht sich so ein Kind aus, bei dem sie bleiben möchte. Wird die Musik ausgestellt, darf das Kind, das die Maus in der Hand hat, diese mit nach Hause nehmen. Hat das Kind schon eine Maus, so wird sie an ein anderes Kind verschenkt. In die Herbstlandschaft wird eine Nuss gelegt. Die Kinder können die Landschaft nun auch mit eigenen Herbstschätzen verschönern. Dann wird für den folgenden Tag eine „Tagesmaus" ausgewählt. Die Farbe der kleinen Maus verrät den Kindern, was die kleine Herbstmaus mit den Kindern am kommenden Tag machen möchte. So wächst die Spannung und die Vorfreude auf den nächsten Kindergartentag.

Der besondere Tipp

Die vielfältigen Informationen und Erlebnisse, die die Reise durch die Herbstzeit bieten, können in einem Herbsttagebuch festgehalten werden. In ein stabiles Heft werden gepresste Herbstblätter, Bilder oder Fotos von gemeinsamen Unternehmungen eingeklebt, es wird gemalt oder geschrieben usw. Es macht viel Spaß, gemeinsam solch ein Herbsttagebuch zu gestalten und es ist außerdem eine schöne Erinnerung an die Herbstzeit.

Inhalt der gelben Seiten

Klara eröffnet ein Herbsthotel

Einstiegsgeschichte für den ersten Tag der Reise durch den Herbst

Material
24 bunte Steinmäuse, eine dicke gelbe Steinmaus, ein Weidenkorb, viele bunte Blätter, Kastanien, Eicheln, Moos, Sand, Steine und andere Dinge, mit denen eine Herbstlandschaft gestaltet werden kann (der Fantasie sind keine Grenzen gesetzt), ein Korb mit 24 Nüssen, ein Tapeziertisch (oder eine frei geräumte Zimmerecke), ein CD-Spieler, CD mit entspannender Musik, ein großes und ein kleines herbstfarbenes Abdecktuch

Raumvorbereitung
Ein Stuhlkreis wird mit Blick auf den Tapeziertisch oder die frei geräumte Zimmerecke gebildet. Alle oben genannten Materialien liegen griffbereit und sind mit einem Tuch zugedeckt.

Hinweis
Der Korb mit Nüssen steht ab jetzt täglich griffbereit, denn jeden Tag wird an die Stelle, an der eine Maus stand, eine Nuss gelegt.

Einstieg
Die Kinder sitzen im Kreis. Die Erzieherin stellt ein Rätsel, durch das die Kinder erraten können, wer zu Besuch gekommen ist.

Rätsel
Der Gast ist klein, hat einen Schwanz,
macht sehr gern den Trippeltanz.
Der Gast, er hat ein weiches Fell
und sind wir laut, erschrickt er schnell.
Der Gast, er knabbert Nüsse, Speck,
doch bei Gefahr, da läuft er weg.
Unser Gast ist heute hier,
wie er heißt, kommt, sagt es mir.
(Maus)

Die Kinder rufen die Antwort gemeinsam.
Wenn die Kinder Klara bereits kennen, können Sie das Rätsel erweitern:

Vers

Sage mir, wenn du es weißt,
wie denn unser Gast wohl heißt.
(Klara)

Die Erzieherin holt Klara, die dicke gelbe Steinmaus, und die Kinder können sie mit einer lauten „Rakete“ begrüßen:

Stufe 1: in die Hände klatschen
Stufe 2: auf die Oberschenkel schlagen
Stufe 3: laut trampeln
Stufe 4: Hände hochheben und laut „Klara“ rufen

Klara wird in die Kreismitte auf ein buntes Herbsttuch gelegt und nun kann die erste Klarageschichte erzählt werden.

Geschichte

Klara sitzt vor ihrer Wohnung und genießt die warmen Strahlen der Herbstsonne. Dabei denkt sie an den letzten Sommer und daran, wie lustig es in ihrem Sommerhotel mit den vielen munteren Feriengästen zugegangen ist. Von morgens bis abends hörte man aus ihrer Wohnung Lachen und man sah vor ihrer Wohnung fröhliche kleine Sommermäuse. Leider ist der lustige Sommer nun vorbei und Klara ist wieder allein. Gerade als sie den Entschluss gefasst hat, aus ihrer Wohnung auch jetzt im Herbst wieder ein Ferienhotel zu machen, hört sie ganz in der Nähe ein lautes Piepsen und Tuscheln. Klara wundert sich. Bekommt sie Besuch? Das Tuscheln wird immer lauter und plötzlich stehen unzählige kleine graue Mäuse vor ihr. „Bist du die nette Klara, die ein Mäusehotel hat?“, fragt eine kleine Maus. „Hast du noch Zimmer frei?“, fragt eine zweite kleine Maus. „Wir wollen bei dir Ferien machen, so wie unsere Freunde, die Sommermäuse“, sagt eine dritte Maus. Klara kann gar nicht sprechen, so verwundert ist sie. Sie setzt sich auf einen Stein und schaut sich die lustige Mäuseschar an. Dann sagt sie: „Ja, ich heiße Klara und hatte im Sommer viele Feriengäste. Meine Gästezimmer sind jetzt frei und wenn ihr wollt, könnt ihr für einige Wochen bei mir einziehen. Ich hatte sowieso vor, in diesem Herbst wieder ein Hotel zu eröffnen, aber ...“ Noch bevor Klara den Satz zu Ende sprechen kann, ist die quietschende Mäuseschar auch schon in den Zimmern verschwunden. Klara läuft hinterher und sieht, wie die kleinen Mäuse ihre Taschen auspacken und es sich bequem machen. „Aber ich habe doch die Betten noch gar nicht frisch bezogen und auch noch nicht geputzt", sagt sie. „Macht nichts", sagt eine kleine Maus, „wir helfen dir dabei." Klara holt frisches Bettzeug, Wischeimer, Staubtücher und Besen und dann geht es los. Überall sieht man fleißige kleine Mäuse, die wischen, fegen, Staub putzen und Betten überziehen. In kurzer Zeit glänzt es in jedem Raum und die neuen Feriengäste können einziehen. „Jetzt habt ihr bestimmt Hunger", sagt Klara und wie aus einem Mund rufen die Mäuse: „Und wieeeeeee!" Klara deckt den Tisch, holt aus ihrem Vorrat Nussmus, Körner und Beeren, die vom Sommer übrig geblieben sind, und dann geht es an den Tisch. Mit strahlenden Augen schaut Klara ihren neuen Gästen beim Essen zu. Danach wird gemeinsam gespült und abgetrocknet und weil das Wetter noch so schön ist, gehen alle nach draußen. Klara zeigt ihren neuen Gästen die Umgebung, damit sie hier in den nächsten Tagen gefahrlos spielen können. Nun tun die Ferienmäusekinder noch ein wenig die Dinge, die ihnen Spaß machen. Klara schaut ihnen dabei zu. Verwundert stellt sie fest, dass diese Mäuse sehr lebhaft sind. Viele klettern und springen, einige singen und tanzen, andere liegen im Gras und decken sich mit heruntergefallenen Blättern zu. Wieder andere sammeln Kastanien, Eicheln oder Nüsse.

Nachdem die Herbstsonne hinter dem kleinen Wald verschwunden ist, wird es allmählich Zeit, ans Schlafengehen zu denken. Klara begleitet ihre Gäste in die Zimmer, deckt jede kleine Maus zu und wünscht eine gute Nacht. Als Klara bei der letzten Maus angekommen ist, sagt diese leise: „Schenkt uns die Glitzerfee, von der mir meine Freundin, die Sommermaus Quitschi, erzählt hat, auch ein buntes Fell?“ Klara lacht und sagt leise: „Lass dich überraschen. Vielleicht siehst du morgen früh ganz anders aus. Ich werde mit der Glitzerfee sprechen.“ Klara schließt die Tür und als sie in ihr Wohnzimmer kommt, sitzt auf dem Sofa ihr alter Freund, der Maulwurf Buddel. Er ist vorbeigekommen, um Klara zu fragen, ob sein Zimmer noch frei ist. Klara nickt und sagt: „Du bist jederzeit willkommen.“ Klara und Buddel sitzen noch lange zusammen und beide freuen sich, dass Klaras Hotel wieder ausgebucht ist. „Wir werden gemeinsam einen schönen Herbst verbringen“, sagt sie und dann gehen beide müde ins Bett.

Vor dem Einschlafen denkt Klara noch an ihre Freundin, die Glitzerfee. Da diese Gedanken lesen kann, bittet Klara sie, ihren kleinen Gästen ein buntes Fell zu schenken, damit sie sie voneinander unterscheiden kann. Dann schläft Klara ein. Ja, und am nächsten Morgen ist bei den Mäusen die Freude groß. Denn alle haben ein wunderschönes Herbstfell. Einige sind rot, einige blau oder gelb und wieder andere sind hellbraun.

Klara spürt auf einmal, wie glücklich sie ist. „Nun kann der Herbst ins Land ziehen“, sagt sie und macht sich mit ihren Gästen auf den ersten Entdeckungsspaziergang.

Abschluss

Die Erzieherin holt alle Naturmaterialien in die Kreismitte und gemeinsam wird die Herbstlandschaft gestaltet, in der Klara ihr Herbsthotel hat. Danach werden die bunten Mäuse in die Landschaft gesetzt. Die Kinder betrachten bei ruhiger Musik ihr Werk.

Die Erzieherin entnimmt der Landschaft eine kleine gelbe Maus und erzählt, dass dieses eines von Klaras Ferienmäusekindern ist und dass diese kleine Maus jetzt schon zu einem Kind mit nach Hause will. Dann wird das Tagesritual durchgeführt (siehe Seite 12) und wenn die Kinder Lust haben, können sie gemeinsam noch das folgende Klaralied singen (Melodie „Vogelhochzeit“).

Lied

Die Klara, die ist wieder da
und darum rufen wir „Hurra".
Fideralala ...

Wir alle, ja, wir sind bereit,
gehn mit ihr durch die bunte Zeit.
Fideralala ...

Der Herbst, er wird bestimmt sehr schön,
weil wir mit der Klara gehn.
Fideralala ...

Und ist der Kindergarten aus,
geht eine Maus dann mit nach Haus.
Fideralala ...

Ein Freund für Buddel

Zweite Klarageschichte

Material

Weidenkorb mit Nahrungsmitteln, die die Mäuse im Herbst für ihren Wintervorrat suchen, wie z. B. verschiedene Körner, Mais, Nüsse, Bucheckern, sowie Nahrungsmitteln, z. B. Tomaten, Bananen, Paprika usw., die nicht zum Wintervorrat der Mäuse gehören, ein Abdecktuch, ein CD-Spieler, CD mit ruhiger Musik, die Maus Klara, eine kleine gelbe Steinmaus, ein Abdecktuch, einige bunte Herbstblätter

Raumvorbereitung

Ein Stuhlkreis wird mit Blick auf die Landschaft gestellt. Das Material steht griffbereit und ist mit einem Tuch abgedeckt. In der Kreismitte liegen bunte Herbstblätter.

Einstieg

Die Kinder sitzen im Kreis. Klara wird neben einer kleinen gelben Maus in der Kreismitte platziert. Die Erzieherin stellt den Korb mit den Nahrungsmitteln zu Klara und es entwickelt sich ein Gespräch darüber, was Mäuse für den Wintervorrat sammeln. Im Anschluss daran können die Kinder die Nahrungsmittel betrachten und auf den Blätterteppich legen.

Nun lädt die Erzieherin die Kinder zu einer neuen, spannenden Klarageschichte ein.

Geschichte

So wie jeden Morgen geht Klara auch heute wieder früh los, um Futter für den Winter zu suchen. Mit ihrem Korb trippelt sie über die Wiese. Sie will auf das nahe gelegene Kartoffelfeld, um die kleinen Kartoffeln einzusammeln, denn die schmecken im Winter besonders gut. Unterwegs hört sie ein unbekanntes, lautes Geräusch und als sie am Kartoffelfeld ankommt, sieht sie, wie eine große Maschine die Kartoffeln aus der Erde buddelt und auf einen großen Wagen wirft. „Oje", sagt Klara leise, „ich muss mich beeilen, sonst bleiben für mich keine Kartoffeln übrig. Die Maschine ist schneller als ich und sammelt alle Kartoffeln ein." Flink, wie sie nun einmal ist, hat sie im Nu ihr Körbchen voll.

Als sie heimkehren will, hört sie plötzlich ein merkwürdiges Jammern. Klara schaut sich um und entdeckt – einen Maulwurf. Der schaut ganz ängstlich aus einem Erdhaufen hervor und jammert laut vor sich hin. Klara bleibt stehen und fragt: „Was ist los mit dir?" „Die große Maschine macht meine Gänge und Hügel kaputt, an denen ich so lange gebuddelt habe. Ich habe nun keine Wohnung mehr und werde im Winter erfrieren müssen", jammert der Maulwurf. „Komm mit", sagt Klara, „ich glaube, ich habe eine prima Idee!" Und schon laufen beide, so schnell es geht, vom Kartoffelfeld in Richtung Wiese, auf der Klara wohnt. Als sie vor ihrer Tür ankommen, sind beide aus der Puste und ruhen sich erst einmal aus. Klara sagt: „Hier bei mir wohnt der Maulwurf Buddel. Er ist mein Freund und hat eine große Wohnung. Vielleicht kannst du in den nächsten Tagen bei ihm wohnen und dir dann in Ruhe eine neue Wohnung buddeln." Klara braucht Buddel gar nicht zu rufen, denn der steht schon vor der Tür und hat alles mit angehört. Klara, die die Kartoffeln in den Vorratsraum bringen will, lässt die beiden Maulwürfe alleine. Buddel und Wühl, so heißt der andere Maulwurf, haben sich viel zu erzählen und im Nu steht fest, dass Wühl so lange bei Buddel wohnen darf, wie er will.

Die Tage vergehen und man sieht Buddel jetzt nur noch mit seinem neuen Freund Wühl. Sie haben viel zu tun. Gemeinsam buddeln sie, direkt neben der Wohnung von Klara, lange Gänge mit neuen Zimmern. Nach wenigen Tagen ist die Wohnung für Wühl fertig und er kann dort einziehen.

Als Buddel am Abend mit Klara in der Herbstsonne sitzt, sagt er: „Jetzt habe ich endlich einen Nachbarn, mit dem ich mich so richtig gut verstehe.“ Klara lacht und sagt: „Und ich habe einen zweiten Maulwurf, der mir ab und zu einmal helfen kann.“ Zufrieden gehen sie ins Haus. Vorm Schlafengehen schaut Klara noch einmal in ihre Vorratskammer und freut sich über ihren abwechslungsreichen und schon recht großen Wintervorrat.

Abschluss

Die gesammelten Nahrungsmittel werden nun noch einmal genau betrachtet und es wird untersucht und sortiert, welche zum Wintervorrat der Mäuse gehören und welche nicht. Ein Gespräch über den Wintervorrat, den sich die Menschen anlegen, kann sich anschließen.

Die hilfsbereite Klara

Dritte Klarageschichte

Material

Vier kleine Körbe mit Körnern (z. B. Roggen, Weizen, Gerste, Dinkel), vier Scheiben Brot (entsprechend z. B. Roggen-, Weizen-, Gersten-, Dinkelbrot), ein Abdecktuch, ein CD-Spieler, CD mit ruhiger Musik, die Maus Klara, eine kleine gelbe Steinmaus, zwei kleine braune Tücher

Raumvorbereitung

Ein Stuhlkreis wird mit Blick auf die Landschaft gebildet. Die Materialien liegen griffbereit und sind mit einem Tuch abgedeckt. In der Kreismitte liegt ein braunes Tuch, darauf werden unterschiedliche Körner gestreut, die dann wieder mit einem braunen Tuch abgedeckt werden.

Einstieg

Die Kinder sitzen im Kreis. Die Erzieherin lässt die Kinder nun unter das Tuch greifen und fühlen. Gemeinsam rufen sie die Lösung der Fühlaufgabe. Das obere braune Tuch wird weggelegt und die Kinder betrachten die unterschiedlichen Körner. Ein Gespräch über Kornarten kann sich anschließen. Danach erzählt die Erzieherin von dem Erlebnis, das Klara auf einem Kornfeld hatte.

Geschichte

Vor einigen Wochen, als Klara unterwegs war, um für ihren Wintervorrat zu sammeln, lernte sie die nette Frau Feldmaus kennen. Sie wohnt im nahe gelegenen Kartoffelfeld im Mauseloch Nummer 8. Frau Feldmaus hat viele hungrige Kinder und darum ist sie genau wie Klara oft unterwegs, um Futter zu suchen. Ganz in ihrer Nähe ist ein Kornfeld, und um im Winter genug Futter zu haben, sucht sie hier jeden Tag kleine knackige Körner. Da auch Klaras Herbstgäste gerne Körner fressen, treffen die beiden sich dort jeden Tag, suchen gemeinsam nach Körnern und genießen die warmen Herbsttage. Zur Mittagspause setzen sie sich auf ein sonniges Plätzchen und dann unterhalten sie sich über ihre Kinder. Klara erzählt von ihren Feriengästen. Schon nach wenigen Tagen stellen Klara und Frau Feldmaus fest, dass sie sich sehr mögen und sie beschließen, Freundinnen zu werden. Oft sitzt Frau Feldmaus morgens schon am Rand des Kornfeldes auf einem Stein und wartet auf Klara. Wenn Klara ankommt, dann machen sie sich gemeinsam auf Körnersuche, plaudern ein wenig und mittags sitzen sie in der warmen Herbstsonne. Klara freut sich nun immer schon auf den nächsten Morgen, denn eine neue Freundin zu haben, das gefällt ihr gut. Die Tage vergehen und Klara und Frau Feldmaus genießen ihre Freundschaft.

Auch heute Morgen ist Klara auf dem Weg zum Kornfeld und freut sich auf ihre Freundin. Doch als sie dort ankommt, ist Frau Feldmaus noch nicht da. Klara setzt sich auf einen Stein und wartet in der warmen Herbstsonne. Die Zeit vergeht, doch ihre Freundin kommt und kommt nicht. Klara wartet und wartet und geht schließlich allein auf Körnersuche. Immer wieder muss sie an ihre Freundin denken und sie macht sich ein wenig Sorgen um sie.

Als Klara zu Hause ankommt, steht vor ihrer Tür eine kleine graue Maus: „Guten Tag", sagt Klara freundlich, „suchst du jemanden?" „Ja, dich", sagt die kleine Maus. „Ich soll dir von meiner Mama Grüße bestellen und dir sagen, dass sie einen Schnupfen hat und deshalb heute nicht kommen konnte." Als Klara das hört, beschließt sie, ihre kranke Freundin zu besuchen. Sie sagt Buddel Bescheid. Heute soll er die Ferienkinder empfangen, wenn sie von ihrem Ausflug an den kleinen Waldsee zurückkommen. Dann holt sie noch schnell eine Flasche Holundersaft und macht sich mit der kleinen Feldmaus auf den Weg.

Es ist nicht sehr weit zur Wohnung von Frau Feldmaus im Mauseloch Nummer 8 und nach kurzer Zeit sind sie da. Schon vor der Wohnungstür hört man ein lautes Niesen und Husten. Die kleine Maus führt Klara ins Schlafzimmer. Die Nase von Frau Feldmaus ist feuerrot und ihre Stimme hat sie auch verloren. Sie kann noch nicht einmal Guten Tag sagen. Klara macht ihr sofort eine Tasse Holundersaft warm und bleibt noch lange am Bett ihrer Freundin sitzen. Auch die kleine Feldmaus sitzt dabei und reicht ihrer Mutter frische Taschentücher. „Wer sorgt denn jetzt für dich und deine Geschwister?", fragt Klara die kleine Maus. „Niemand", sagt sie. „Wir müssen uns wohl allein versorgen." „Ja, könnt ihr das denn schon?", fragt Klara besorgt. „Weiß nicht", antwortet die kleine Maus und ihre Stimme hört sich dabei sehr traurig an. Klara hat wie immer eine gute Idee und sagt:

„Ich habe ein Ferienhotel und dort sind zur Zeit viele kleine Mäusekinder, die den Herbst bei mir verbringen. Einige Zimmer sind noch frei. Vielleicht wird es ein bisschen eng, aber trotzdem nehme ich dich, deine Geschwister und deine Mutter mit zu mir. Dort kann ich für euch alle sorgen." Die kleine Maus strahlt und sagt: „Das muss ich unbedingt meinen Geschwistern sagen" und rennt weg. Sofort packt Klara das Nötigste ein und bringt ihre kranke Freundin und die kleinen Feldmäuse in ihr Hotel. Frau Feldmaus wird nun jeden Tag liebevoll von Klara und Buddel versorgt und die kleinen Feldmäuse spielen täglich mit Klaras Gästen, den Herbstmäusen.

Die Tage vergehen und nach einer Woche ist Klaras Freundin wieder gesund. Als Frau Feldmaus und ihre Kinder sich verabschieden, sind alle ein wenig traurig. „Das war eine schöne Zeit und morgen, da kommt ihr wieder und wir spielen alle zusammen", rufen die kleinen Herbstmäuse zum Abschied. „Das machen wir", sagt Klara und winkt gemeinsam mit ihren Herbstgästen der Familie Feldmaus noch lange hinterher.

Abschluss

Die verschiedenen Kornarten werden benannt und anschließend den entsprechenden Brotsorten zugeordnet. Die Kinder können die unterschiedlichen Brotsorten probieren und erschmecken, welche Sorte sie besonders mögen.

Klara und ihre stachelige Begegnung

Vierte Klarageschichte

Hinweis

Geben Sie den Kindern am Freitag den Auftrag, über das Wochenende viele bunte Blätter zu sammeln und sie am Montag mit in den Kindergarten zu bringen. Sammeln Sie selbst ebenfalls, damit ein kleiner Blätterberg aufgeschüttet werden kann.

Material

Viele bunte Blätter, die die Kinder gesammelt haben, einige Gegenstände wie Löffel, Spielautos, Malstifte usw. zum Verstecken im Blätterberg, ein Beutel, in dem die Gegenstände aufbewahrt werden, die Maus Klara, eine kleine gelbe Maus, ein CD-Spieler, CD mit ruhiger Musik

Raumvorbereitung

Ein Stuhlkreis mit Blick zur Landschaft wird gebildet. Die Materialien liegen griffbereit.

Einstieg

Die Kinder sitzen im Kreis und schütten ihre gesammelten Blätter in der Kreismitte zu einem Berg zusammen. Sie können die Blätter erfühlen, erriechen und sich vielleicht sogar drauflegen.
Danach werden sie gebeten, sich mit dem Rücken zur Kreismitte auf ihren Stuhl zu setzen. Die Erzieherin versteckt die Gegenstände im Blätterberg. Die Kinder drehen sich wieder um und gemeinsam können sie mit ihren Fingern den Schatz im Blätterberg suchen, fühlen und entdecken.
Anschließend wird der Blätterberg erneut aufgeschichtet und nun leitet die Erzieherin zu der folgenden Klarageschichte über, in der ein solcher Blätterberg eine ganz wichtige Rolle spielt.

Geschichte

Klara weiß, dass die Tage nun immer kürzer und die Nächte immer länger werden und dass es von jetzt an stark auf den Winter zugeht. Oft schon ist es draußen so kalt, windig und regnerisch, dass sie mit ihren Ferienmäusekindern tagelang in ihrer Wohnung bleiben muss. Doch zum Glück haben sie hier unten sehr viel Platz und auch immer viele Ideen zum Spielen. Die Herbstgäste beschäftigen sich z. B.

sehr gern mit den bunten Blättern, die Klara gesucht hat. Sie sortieren sie nach Farben, nach der Größe und nach der Form. Oft sind auch Frau Feldmaus und ihre Kinder zu Besuch. Während die Kinder zusammen spielen, gehen Klara und ihre Freundin hin und wieder mal eine Stunde allein spazieren. Buddel, der sowieso nicht spazieren gehen will, bleibt dann bei den Mäusekindern und ruht sich in seiner Wohnung von seiner Buddelei aus.

Heute bleibt auch Frau Feldmaus ausnahmsweise zu Hause, denn ihr ist es zu stürmisch. Aber Klara hat ein ganz merkwürdiges Gefühl in ihren Barthaaren. Sie ist sich fast sicher, dass sie etwas Spannendes erleben wird. Also macht sie sich auf den Weg.

Als sie ihre Nase aus dem Mauseloch steckt, wehen ihr ein paar Blätter um die Nase. Doch das macht ihr nichts aus. Sie trippelt los. Wohin sie heute will, das weiß sie jetzt auch noch nicht. Vielleicht bringt sie ihren Kindern einige neue bunte Blätter mit. Der Wind zeigt sich heute von seiner starken Seite und Klara muss aufpassen. Überall purzelt etwas zu Boden. Mal sind es Eicheln oder Kastanien, ein Stück weiter fallen Nüsse herunter, hin und wieder auch trockene Zweige und Äste und natürlich wirbeln bunte Blätter durch die Luft. Der Herbst hat ganz schön viele Schätze, stellt Klara fest und schnüffelt mit ihrer Nase überall herum.

Plötzlich entdeckt sie direkt vor sich winzig kleine Fußspuren. Sie kommen ihr unbekannt vor und deshalb wird sie neugierig. Klara geht den Spuren nach und schwups! landet sie mit ihrer Nase in einem Blätterberg. Doch was ist das? Da ist doch was! Klara piepst, springt schnell zurück und versteckt sich hinter einem Baum. Dort sitzt sie ganz still und wartet ab. Aber nichts rührt sich.

Klaras Neugierde wächst. Mutig schleicht sie sich an den Blätterberg heran und steckt wieder ihre Nase hinein. Sie wühlt und wühlt und wirbelt alle Blätter durcheinander. Auf einmal piepst sie wieder ganz laut, springt zurück und versteckt sich hinter dem Baum. Ihr kleines Herz schlägt laut. Was mag wohl unter dem Berg versteckt sein? Klara bleibt still sitzen. Da bewegt sich plötzlich der ganze Blätterberg und ein Ungeheuer mit vielen Zacken wühlt sich heraus. Klara ist mucksmäuschenstill. Sie will von diesem Ungeheuer, das aufgeregt mit seiner spitzen Nase auf dem Boden herumschnüffelt, nicht gesehen werden. Doch es kommt immer näher und näher und jetzt hat das Ungeheuer Klara entdeckt. „Hast du mein Haus zerstört?", fragt das stachelige Wesen. Klara antwortet so leise, dass das stachelige Wesen nichts versteht und darum noch einmal fragen muss: „Hast du mein Haus zerstört?" Klara antwortet nun ein wenig lauter: „Ich war nur auf der Suche nach bunten Blättern und wollte dabei nicht dein Haus zerstören", entschuldigt sie sich. „Jetzt habe ich kein Haus mehr und weiß nicht, wo ich den Winter über schlafen soll. Jeder Igel hat ein Blätterhaus und hält darin seinen Winterschlaf. Nur ich weiß nun nicht, wo ich bleiben soll." Jetzt erkennt Klara, dass sie nicht mit einem stachligen Ungeheuer, sondern mit einem Igel spricht und sagt: „Ich glaube, ich kann dir helfen. Ich wohne in einer Wohnung unter der Erde und dort ist noch viel Platz. Wenn du willst, kannst du den Winter über bei mir, meinen Herbstgästen, meinem Freund Buddel und bei meiner Freundin Frau Feldmaus und ihren Kindern verbringen." Der Igel überlegt nicht lange und sagt: „Ja, wenn das so ist, dann komme ich mit. Und mit so vielen Mitbewohnern wird mir der Winter bestimmt nicht langweilig." Klara und der Igel trippeln nach Hause und dort stellt sie allen den neuen Mieter, den Igel Schnuffi, vor. „Gut, dass unsere Wohnung so groß ist", sagt Buddel und zeigt Schnuffi sein neues Winterquartier. Dem gefällt es sofort ganz prima und er legt sich zu einem kleinen Schläfchen hin.

Klara atmet auf und freut sich sehr, nun auch noch einen Igel als Gast zu haben: „Ich glaube, der Winter wird mir nicht langweilig", sagt sie, denn bei so vielen Gästen gibt es jeden Tag viel zu erzählen.

Abschluss

Ein Gespräch über die Wintervorbereitung der Tiere kann sich anschließen.

Das Hotel ist wieder leer

Versgeschichte für den letzten Tag der Reise durch den Herbst

Material Ein herbstliches Tuch, ein CD-Spieler, CD mit ruhiger Musik, ein Weidenkorb mit goldenen Nüssen (für jedes Kind eine), ein Abdecktuch

Vorbereitung Einige Tage vorher werden Nüsse mit Goldspray angesprüht.

Raumvorbereitung Ein Stuhlkreis mit Blick auf die Landschaft wird gebildet. Das Herbsttuch liegt in der Mitte, darauf sitzt Klara mit der letzten kleinen gelben Maus. Die restlichen Materialien sind mit einem Tuch abgedeckt.

Einstieg Die Kinder sitzen im Kreis und die Erzieherin erzählt, dass die gemeinsame Reise mit Klara heute beendet ist. Die Kinder können die Augen schließen und bei ruhiger Musik an die gemeinsame Herbstzeit denken. Danach wird Klara herumgegeben und jeder, der möchte, kann Klara erzählen, welche gemeinsamen Erlebnisse noch in Erinnerung geblieben sind. Danach wird Klara in die Mitte gesetzt und die Erzieherin erzählt die folgende Versgeschichte.

Versgeschichte

Klara, die schickt heut hinaus
den letzten Gast aus ihrem Haus.
Sie schenkt zum guten Schluss,
der kleinen Maus 'ne Nuss.
Ein Talisman soll diese sein,
die kleine Maus, sie steckt sie ein.
Sie soll ihr ganz viel Glück jetzt schenken,
sie soll auch an die Klara denken.
Die kleine Maus, sie gibt zum Schluss,
der Klara einen Abschiedskuss.
(Pantomimisch einen Handkuss machen.)
Das Herbsthotel ist wieder leer,
Klara hat keine Gäste mehr.
Sie spürt Traurigkeit in ihrem Bauch,
doch ein wenig Freude auch.
Die Herbstzeit, die war wunderbar,
es waren viele Gäste da.
Sie haben hier sehr viel gemacht,
gespielt, gesungen und gelacht.
Jetzt geht der Herbst, jetzt macht sich breit,
die Kälte und die dunkle Zeit.
Doch Klara ist nicht ganz allein,
Buddel, der wird bei ihr sein.
Gemeinsam wollen sie nun ruhn
und ganz lange gar nichts tun.
Klara geht zurück ins Haus,
sie löscht nun die Lampen aus.
Sie macht ihre Augen zu
und gönnt sich ein wenig Ruh.

Abschluss

Die Kinder schließen die Augen und bilden mit der Hand eine Schale. Bei ruhiger Musik können sie an die gemeinsam verbrachte Herbstzeit denken. Dann legt die Erzieherin jedem Kind eine goldene Nuss in die Hände. Sie erzählt, dass dies ein Geschenk von Klara ist und an sie erinnern soll. Danach wird Klara bei leiser Musik noch einmal im Kreis herumgegeben und jedes Kind kann sich von ihr verabschieden. Die Kinder schließen die Augen und die Erzieherin stellt Klara weg.

Hinweis

Die Landschaft kann, wenn die Kinder es wünschen, noch einige Tage im Raum bleiben. Sie erinnert an Klara und ihre Herbstmäuse und regt vielleicht noch zu interessanten Gesprächen an.

Inhalt der roten Seiten

Lied: Meine Laterne
Lied: Ich hol schnell meinen Drachen raus
Spiellied: Ein Apfelbaum im Garten steht
Tanzlied: Huhu, der wilde Herbstwind weht
Klangvolle Fantasiereise: Ein Herbsttag im Laubwald
Geräuschgeschichte mit körpereigenen Instrumenten:
Das Klagelied der Blätter
Klanggeschichte: Ein Herbstabenteuer

Meine Laterne, bunt und schön

Lied

Melodie: Jörg Schnieder
Text: Ingrid Biermann

Material Mehrere Bögen festes Pergamentpapier, verschiedenfarbiges Transparentpapier, Klebstoff, Ölkreide, Kerzenreste in verschiedenen Farben, mehrere große Käseschachteln, ein Bügeleisen, eine Bügeldecke, Filzstifte, Streichhölzer, für jedes Kind ein Paar Klangstäbe

Hinweis Einige Tage vorher bastelt jedes Kind zur Raumdekoration eine Laterne.

Drei Varianten für bunte Laternen

1. Aus Transparentpapier werden bunte Flicken gerissen und auf den zugeschnittenen (20 x 50 cm) Streifen Pergamentpapier geklebt.
2. Mit Ölkreide werden Striche, Punkte oder bunte Flächen auf den breiten Pergamentpapierstreifen gemalt. Nun wird das Blatt zusammengeknickt (die bemalte Seite nach innen) und gebügelt, so verlaufen die Farben ineinander.
3. Mit bunten Kerzenresten werden bunte Punkte auf das Pergamentpapier getropft. Mit Filzstiften werden aus den Punkten Käfer, Blumen oder kleine Sonnen gemalt.

Der Pergamentpapierstreifen wird jeweils um den Deckel einer großen Käseschachtel herum festgeklebt und anschließend zu einer Röhrenlaterne zusammengeklebt. In die Laternen können Teelichte gestellt werden.

Einstieg Ein Raum wird verdunkelt und mit den Laternen in ein leuchtend buntes Zimmer verwandelt. Jedes Kind setzt sich zu seiner Laterne und die Erzieherin singt das Lied vor.

Lied
Meine Laterne geht voran,
weil sie so herrlich leuchten kann.
Sie geht mit mir heut durch die Nacht,
weil ihr das sehr viel Freude macht.

Refrain
Kinder ziehen durch die Straßen,
durch menschenleere Gassen.
Singen dabei immer wieder
wunderschöne Martinslieder.

Meine Laterne, bunt und schön,
will heut mit mir spazieren gehn.
Viele wunderschöne Lichter
tragen leuchtende Gesichter.

Refrain Kinder ziehen durch die Straßen ...

Meine Laterne will nach Haus,
ich lösch die kleine Kerze aus.
Im nächsten Jahr kannst du mich sehn,
wieder mit der Laterne gehn.

Refrain Kinder ziehen durch die Straßen ...

Meine Laterne kann jetzt ruhn,
sie hat nun gar nichts mehr zu tun.
Doch bestimmt im nächsten Jahr
sind wir zwei dann wieder da.

Abschluss Melodie und Text des Liedes werden durch Summen, Klatschen, Marschieren und Stampfen gemeinsam erarbeitet. Danach begleiten die Kinder das Lied mit Klangstäben. Sie können singen, spielen und durch den Raum marschieren.

Ich hol schnell meinen Drachen raus

Lied

Melodie: Jörg Schnieder
Text: Ingrid Biermann

Material Für jedes Kind eine Triangel, ein quadratisches Blatt (30 x 30 cm), Wachsstifte, Klebstoff, einen langen Wollfaden, Krepppapier, eine Schere

Einstieg

Die Erzieherin malt einen Drachen. Die Kinder schauen zu und raten, was gemalt wird. Ein Gespräch über das Drachensteigen kann sich anschließen.
Die Erzieherin singt den Kindern das folgende Lied vor. Beim Refrain können alle frei durch den Raum „fliegen".

Lied

Ich hol schnell meinen Drachen raus
und lauf mit ihm dann hinters Haus.
Er steigt ganz hoch zum Himmel auf,
das Drachenspiel nimmt seinen Lauf.

Refrain

Flieg mein Drachen, flieg geschwind,
fliege mit dem kühlen Wind
heute ganz, ganz hoch hinaus,
wir gehn jetzt noch nicht nach Haus.

Der Herbstwind bläst dich hin und her,
ja, ich mag meinen Drachen sehr.
Ich halt ihn fest mit meiner Hand,
mein Drachen schwebt an einem Band.

Refrain Flieg mein Drachen ...

Ganz viele Drachen, bunt und schön,
kann man am Himmel tanzen sehn.
Der Wind, er bläst ein schönes Lied
und alle Drachen tanzen mit.

Refrain Flieg mein Drachen ...

Abschluss Text und Melodie des Liedes werden durch Klatschen, Stampfen, Tanzen und Summen gemeinsam erarbeitet.
Die Kinder bekommen je eine Triangel und können den Refrain damit begleiten.

Ein Apfelbaum im Garten steht

Spiellied

Melodie: Jörg Schnieder
Text: Ingrid Biermann

Material 3 Birnen, 3 Äpfel, ein leichtes graues Tuch, ein Korb, ein Obstmesser, evtl. einige Orff-Instrumente, mit denen der Apfelbaum, der Birnbaum, der Wind und die Kinder verklanglicht werden können

Einstieg

Die Kinder sitzen im Kreis, schließen ihre Augen und bekommen zunächst ein Stück Apfel. Sie schmecken und erraten diese Frucht. Danach bekommen sie ein Stück Birne. Ein Gespräch über diese Obstsorten kann sich anschließen.

Die Erzieherin singt den Kindern das folgende Lied vor, danach werden Text und Melodie gemeinsam erarbeitet.

Lied

Ein Apfelbaum im Garten steht
und sich nach allen Seiten dreht.
Er zeigt sehr gern zur Erntezeit
die schönsten Früchte weit und breit.

Refrain

Er ist ganz stolz und denkt für sich:
„Die besten Früchte trage ich.
Sie mag ein jedes Menschenkind,
weil sie die allerbesten sind."

Lied

Ein Birnbaum in dem Garten steht
und sich nach allen Seiten dreht.
Er zeigt sehr stolz zur Erntezeit
die schönsten Früchte weit und breit.

Refrain

Er ist ganz stolz ...

Der Herbstwind kommt mit viel Gebraus,
er mischt sich ein und dann, o Graus,
fallen die Früchte auf das Gras,
das Sammeln macht den Kindern Spaß.

Schlussrefrain

Sie sind ganz stolz und denken sich,
ja, diese Früchte sind für mich.
Die mag ein jedes Menschenkind,
weil sie die allerbesten sind.

Abschluss

Die Kinder stellen den Inhalt des Liedes mit verteilten Rollen dar. Zusätzlich können die Orff-Instrumente zum Einsatz kommen.

Huhu, der wilde Herbstwind weht

Tanzlied

Melodie: Jörg Schnieder
Text: Ingrid Biermann

Hinweis Einige Tage vorher basteln die Kinder Rasseln. Dazu werden einige kleine Steine o. Ä. in einen Plastiktrinkbecher (Partybecher) gefüllt. Ein zweiter Becher wird darauf gestellt und beide werden mit Tesaband fest verbunden. Mit diesen Rasseln wird das Lied begleitet.

Refrain Huhu, der wilde Herbstwind weht,
ein jedes Kind nach draußen geht,
lässt sich von dem Wind dann treiben,
niemand will im Haus heut bleiben.

Kalte Winde wehn ums Haus,
ein jedes Kind läuft schnell hinaus.
Der Wind saust um die Ecken,
er spielt mit uns Verstecken.

Blätter purzeln kreuz und quer,
Äpfel kullern hin und her.
Der Wind heult aus der Ferne,
die Kinder hör'n das gerne.

Refrain Huhu, der wilde Herbstwind ...

Der Wind zieht durch die Ritze,
schnell hol ich meine Mütze.

Der Herbstwind will mich locken,
kann nicht im Haus heut hocken.

Blätter purzeln kreuz und quer,
Äpfel kullern hin und her.
Der Wind heult aus der Ferne,
die Kinder hör'n das gerne.

Refrain Huhu, der wilde Herbstwind …

Abschluss Wenn die Kinder Text und Melodie gelernt haben, kann ein Tanz entwickelt und mit den Rasseln klangvoll unterstützt werden.

Ein Herbsttag im Laubwald

Klangvolle Fantasiereise

Material Eine Auswahl an Orff-Instrumenten (Klangstäbe, Besen und Handtrommel, Glocken, Glockenspiel, Rasseln, Holzblock), ein braunes Tuch, ein Abdecktuch, viele bunte Blätter, für jedes Kind eine Matte

Raumvorbereitung Die Matten werden in Kreisform gelegt. Das braune Tuch liegt in der Mitte und die restlichen Materialien sind griffbereit. Sie sind mit einem Tuch abgedeckt.

Einstieg Die Kinder sitzen mit geschlossenen Augen auf ihren Matten und bilden jeweils mit der Hand eine Schale. Die Erzieherin legt ihnen ein Blatt in die Hand, das die Kinder erfühlen. Das Rätsel beantwortet sich jedes Kind im Stillen, öffnet dann die Augen und prüft nach, ob es richtig geraten hat. Die Blätter werden auf das braune Tuch gelegt und regen zu einem Gespräch über den Laubwald an. Danach erzählt die Erzieherin folgende Geschichte (zunächst ohne Einsatz der Instrumente).

Geschichte

Stell dir vor, du willst heute einen ganzen Tag in einem Herbstwald verbringen, um dort Ruhe und Kraft zu schöpfen.
Damit du den wunderschönen Tag lange erleben kannst, gehst du schon früh am Morgen los *(Klangstäbe)*. Der kühle Herbstwind weht um deine Nase *(Besen und Handtrommel)* und mit schnellem Schritt machst du dich auf den Weg *(Klangstäbe)*. Dein Ziel ist der Wald.
Einige Vögel begrüßen dich *(Glocken)* und wünschen dir einen schönen Morgen. Du bleibst stehen und hörst ihrem Zwitschern zu *(Glocken)*.
Doch dann gehst du weiter *(Klangstäbe)* und der Wind geht mit *(Besen und Trommel)*.
Aus der Ferne leuchten dir die bunten Laubbäume entgegen und du freust dich auf den Tag im Wald.
Nach einiger Zeit bist du am Ziel *(Klangstäbe)*, du bleibst stehen und lauschst dem Gesang der Blätter *(Rasseln)*. Auch sie begrüßen dich und wünschen dir einen schönen Tag.
Ganz still stehst du am Waldrand, betrachtest die bunten Bäume, hörst ihren leisen Gesang *(Rasseln)*, den Gesang des Windes *(Besen und Handtrommel)* und den Gesang der Vögel *(Glocken)*, die auf dem Weg in den Süden sind. Du atmest den frischen Duft des Waldes ein, bei jedem Atemzug verspürst du Ruhe.
Langsam gehst du nun durch den Wald *(Klangstäbe)* und schaust dabei aufmerksam umher. Der Herbstwald füllt dich mit neuer Kraft und schenkt dir Ruhe.
Ein Igel läuft dir über den Weg *(Holzblock)*. Aufgeregt ist er auf der Suche nach Futter, denn für den Winter muss er sich noch Speck anfressen. Raschelnd *(Rasseln und Holzblock)* verschwindet er unter einem Berg bunter Herbstblätter.

Mit einem Mal flitzt ein Eichhörnchen vor dir her *(Glockenspiel)*. Es hat eine Nuss im Mund und rennt wie ein Blitz den Baum hinauf *(Glockenspiel)*. Du schaust ihm nach, und als es in der Baumspitze verschwunden ist *(Glockenspiel)*, setzt du dich auf einen Baumstumpf und genießt die Ruhe.

Du hörst nur den Wind *(Besen und Handtrommel)*, das Rascheln der bunten Blätter *(Rasseln)* und hier und da eine Vogelstimme *(Glocken)*.
Du schließt die Augen und du genießt diesen Herbsttag im Wald.
Nach einer langen, kraftvollen Pause gehst du nach Hause *(Klangstäbe)*.
Begleitet wirst du wie schon den ganzen Tag von dem kühlen Herbstwind *(Besen und Handtrommel)*.
Zu Hause angekommen, legst du dich hin und spürst in dir Ruhe und Kraft.
Diesen Tag im Wald willst du, sobald es geht, wiederholen.
Du schließt die Augen und schläfst zufrieden ein.

Abschluss Die Instrumente werden in die Kreismitte gelegt. Die Kinder können zunächst mit ihnen experimentieren. Danach wird die Fantasiereise gemeinsam verklanglicht.

Tipp Verbringen Sie doch einmal einen Tag mit Ihren Kindern im Herbstwald. Sie werden erstaunt sein, was man dort, gerade im Herbst, alles erleben kann.

Das Klagelied der Blätter

Geräuschgeschichte mit körpereigenen Instrumenten

Hinweis Nicht immer sind Instrumente oder andere Materialien nötig, um eine Geschichte zu verklanglichen. Diese Geschichte wird z. B. nur mit körpereigenen Instrumenten vertont.

Einstieg Die Kinder sitzen im Kreis, schließen die Augen und die Erzieherin erzeugt mit ihrem Mund Windgeräusche. Nachdem diese verklungen sind, öffnen die Kinder die Augen und ein Gespräch über das, was sie gehört und empfunden haben, kann sich anschließen.
Danach erzählt die Erzieherin zunächst ohne Einsatz der Geräusche die folgende Geschichte.

Geschichte Es ist ein trüber Herbsttag. Dicke dunkelgraue Wolken verdecken *(mit den Füßen über den Boden streifen)* das strahlende Blau und ziehen schwer und träge am Himmel entlang. Ein kalter Wind pfeift *(blasen und pfeifen)* und weit und breit ist kein Mensch und kein Tier zu sehen. Niemand wagt sich an so einem trüben Tag vor die Tür.

Das mag der Herbstwind und in aller Ruhe zieht er sausend und brausend *(blasen und pfeifen)* seine Bahnen.

Heute hat er es auf den kleinen Obstgarten abgesehen. Dort will er sein Unwesen treiben. Mit aller Kraft bläst und pustet *(blasen und pfeifen)* er in die Bäume und schüttelt die bunten Blätter wild durcheinander *(Hände reiben und blasen)*. Schon von weitem hört man das Sausen und Brausen der Blätter. Es ist ihr Klagelied und je heftiger der Wind braust, umso lauter wird es *(Hände reiben und blasen)*. Der

Wind mag dieses Lied. Es bereitet ihm so viel Freude, dass er noch fester bläst *(Hände reiben und blasen)*. Dabei plumpsen hier und dort einige Früchte auf die Wiese *(mehrmals auf die Oberschenkel schlagen und dabei blasen)*, die diese Bäume im Herbst tragen.

Ein lautes Blasen, Sausen und auch Plumpsen ist nun zu hören *(blasen, Hände reiben und ab und zu auf die Oberschenkel schlagen)*.

Der Wind ist stolz auf sich. Er hat es wieder einmal geschafft, allen seine Kräfte zu zeigen. Ganz allmählich wird er nun leiser und schwächer *(alle Geräusche leiser)*, ganz allmählich verklingt das Klagelied der Blätter *(Hände nicht mehr reiben)* und nur hier und da plumpst *(nur noch ein oder zwei Mal leise auf die Oberschenkel schlagen)* noch etwas zu Boden. Jetzt hört man nur noch ganz, ganz leise den Wind *(leise blasen)*. Doch dann ist auch er verschwunden und es wird still im Obstgarten.

Abschluss Die Kinder experimentieren, welche Töne sie mit ihren körpereigenen Instrumenten hervorbringen können. Dann wird die Geschichte noch einmal erzählt und entsprechend vertont.

Tipp Vielleicht ist das Wetter an diesem Tag so stürmisch wie in der Geschichte beschrieben. Dann können alle gemeinsam nach draußen gehen und den Herbstwind hautnah spüren.

Ein Herbstabenteuer

Klanggeschichte

Material Orff-Instrumente, z. B. Handtrommeln, Triangeln, Klangstäbe, Rasseln, Holzblock, großes Tamburin, Pergamentpapier, Blätter, Schellenbaum, für jedes Kind eine Kastanie mit geschlossener Schale

Einstieg Zunächst legen die Kinder mit Klangstäben einen Baum und schmücken ihn mit Blättern und Kastanien, die vorher gemeinsam gesammelt wurden. Danach wird die Geschichte zunächst ohne Einsatz der Instrumente erzählt.

Geschichte Auf einer Wiese steht ein starker Baum *(gleichmäßige Schläge auf einem Tamburin)*. Er trägt ein dichtes, buntes Kleid aus großen Blättern, die aussehen wie ein Fächer *(Schellenbaum)*. Der Baum versteckt hinter seinen Blättern unzählige kleine, runde, stachelige Kugeln *(mehrere Klangstäbe)*. In ihnen ruht eine braune Frucht. Jede von ihnen liegt in dem engen Haus, wächst, schläft und wartet dort auf den Herbstwind *(verschiedene Triangeln)*. Erst wenn der Herbstwind kommt und an den Zweigen und Blättern zupft und zerrt, beginnt für die kleinen Früchte in der stacheligen Schale ein aufregendes Leben, denn dann erleben sie jeden Tag ein neues, unbekanntes Abenteuer. Auch der Baum bereitet sich auf diese Abenteuer vor. Er verwurzelt sich mit dem Boden und gibt seinen Blättern Kraft, um so gegen den Herbstwind gewappnet zu sein.

Eines Nachts, ganz unvorbereitet, wird der starke Baum mit viel Saus und Braus geweckt *(Handtrommeln reiben und Rasseln schlagen)*. Ein Herbststurm reißt ihn aus seinen Träumen. Der Sturm bläst und bläst *(mit dem Mund an ein Stück Pergamentpapier pusten)*, sodass es im Baum knackt *(auf einen Holzblock schlagen)* und knistert *(mit Pergamentpapier knistern)*.

Der Wind wird von Sekunde zu Sekunde stärker *(mit dem Mund stärker blasen)* und nun reißt er an den Blättern und den stacheligen Kugeln *(Schellenbaum und Klangstäbe)*. Durch diese lauten Geräusche *(alles wird noch lauter dargestellt)* werden auch die kleinen braunen Früchte, die bisher regungslos in der Schale gelegen haben, wach. Sie werden in ihrem engen Haus hin und her geschubst *(unterschiedliche Triangeln)*. Nun wissen sie, dass sie sich auf ein Abenteuer einlassen müssen. Wer von ihnen wird von dem Sturm abgerissen und zu Boden geworfen? Wohin werden sie dann geschubst und gepustet? Wie viele ihrer Freunde gehen mit auf die stürmische Reise? Wer von ihnen hat Kraft genug und schafft es, am Baum zu bleiben?

All diese Gedanken beschäftigen sie, während sie in ihrem engen Haus hin und her kullern *(Triangel)*. Doch mit einem Mal werden diese Gedanken von lautem Blasen, Sausen, Knacken und Knistern *(Pergamentpapier, Holzblock, Handtrommeln, Rasseln)* vertrieben und nacheinander purzelt eine Frucht nach der anderen zu Boden *(Triangel)*.

Der Wind pustet sie ziellos fort *(Pergamentpapier)* und die kleinen stacheligen Kugeln *(Triangel)* machen eine abenteuerliche Reise. Nach einiger Zeit lässt der Sturm nach *(leise an das Pergamentpapier blasen)* und die Kugeln liegen überall herum. Jetzt kommen viele Kinder *(Handtrommeln)* und sammeln die Kugeln auf. Eine nach der anderen legen sie in ihre Tüten *(Triangel)*. Erst nach vielen Stunden verlassen die Kinder die Wiese *(Handtrommeln schlagen)* und der dicke Baum steht still, so wie vor dem Sturm, auf der Wiese *(Tamburinschläge)*, mit seinem bunten Blätterkleid *(Schellenbaum)*, hinter dem sich noch unzählige kleine stachelige Kugeln verstecken *(Klangstäbe)*, die wie immer auf den Herbststurm warten, um neue Abenteuer zu erleben.

Abschluss

In einem Gespräch wird geklärt, wie die stacheligen Kugeln heißen. Jedes Kind holt sich anschießend eine Kastanie, öffnet die Schale und betrachtet den Inhalt.
Die Geschichte wird nun noch einmal erzählt und entsprechend mit den Orff-Instrumenten verklanglicht.

Inhalt der blauen Seiten

Hexe Hatschischi hat eine Herbstgrippe

Märchen

Hinweis Einige Tage vorher sammelt die Erzieherin in einer besonderen Aktion alte Stoffwindeln.

Einstieg Die Kinder sitzen im Kreis, eine Stoffwindel wird herumgegeben und die Erzieherin erzählt, dass dieses Tuch ein ganz besonderes sei. Sie lädt die Kinder zu einem Märchen ein.

Geschichte Im Hexenwald wohnt die uralte Hexe Hatschischi. Sie lebt mit ihrer Katze Kratz und dem Papagei Schnabel in einem kleinen, windschiefen Holzhaus. Dieses ist genauso uralt wie die Hexe und hat überall Löcher und Ritzen. Jedes Jahr im Herbst, wenn es morgens schon sehr windig ist, wenn der Regen gegen die Hauswand platscht und die Morgenkälte durch jede Ritze kriecht, hat Hatschischi mit einer Erkältung zu kämpfen. Auch in diesem Jahr ist das so. Kaum hat der Herbst den Sommer vertrieben, da hört man Hatschischi aus dem Wald husten und niesen. In diesem Jahr plagt sie ein besonders starker Schnupfen. Ihre Nase ist vom ewigen Putzen dick und rot wie eine Tomate. Ihr Papagei macht oft Witze über ihre Nase und nennt die Hexe Tomatennase. Da die kleine Hexe eine freundliche und spaßige Hexe ist, macht sie sich gar nichts aus dem Wort Tomatennase, sondern geht zum Spiegel, schaut sich an und lacht, denn sie hat wirklich eine Tomatennase.

Aber, o weh, in diesem Herbst hat es die kleine Hexe ganz besonders schlimm erwischt. Als sie am frühen Morgen aus ihrem Bett steigt, um das Feuer im Kamin anzuzünden, fühlt sie sich gar nicht gut. Die kleine Hexe zittert am ganzen Körper. Schnabel, der Papagei, sieht das und kommt aufgeregt angeflogen, setzt sich auf den Kaminsims und fragt: „Was ist mit dir los, Tomatennase?" Hexe Hatschischi kann kaum antworten und sagt mit leiser Stimme: „Ich glaube, ich habe Fieber, mein Kopf ist heiß, meine Füße sind kalt und mein Hals tut weh." „Ab ins Bett!", ruft Schnabel. „Du hast eine starke Erkältung und brauchst Hilfe." Noch bevor Hexe Hatschischi etwas sagen kann, fliegt Schnabel auch schon durch das kaputte Fenster hinaus und ist nicht mehr zu sehen. Hexe Hatschischi muss ununterbrochen niesen und ihre dicke Tomatennase läuft und läuft. Sie schleicht ins Bett und deckt sich bis an die Nasenspitze zu.

Gerade als die Hexe eingeschlafen ist, wird sie durch ein sanftes Rütteln geweckt. Vor ihr steht der Papagei Schnabel mit dem Waldwichtel Pfefferminz. Schnabel hat ihn geholt, denn der Wichtel Pfefferminz ist hier im Wald der beste und bekannteste Doktor und hilft jedem, der krank ist. Gerade jetzt im Herbst ist Pfefferminz täglich unterwegs. Nun steht er also mit seinem Arztkoffer vor Hexe Hatschischi. Wichtel Pfefferminz hat ein ganz besonderes Mittel gegen die Erkältung. Es ist ein weiches Genesungstuch, mit dem alle Krankheiten wie durch einen Zauber im Nu verschwinden. Dieses hat Pfefferminz auch der Hexe Hatschischi mitgebracht. Aber das ist noch nicht alles. Pfefferminz holt aus seinem Koffer ein kleines Fläschchen mit wertvollem Pfefferminzöl. Dieses Öl stellt der Wichtel nach einem Geheimrezept her. Drei Tropfen von dem Öl gibt er auf ein feuchtes, warmes Tuch und das hängt er dann über das Bett der kranken Hexe. Der Duft vertreibt Schnupfen und Husten. Ein anderes feuchtes Tuch wickelt er der Hexe um die Waden. Das vertreibt das Fieber. Um die Füße wickelt er ein angewärmtes Tuch. Das vertreibt die Kälte. Um den Hals wickelt er einen warmen, dicken Wollstrumpf. Er vertreibt das Halsweh. Stunde um Stunde erneuert Pfefferminz die Tücher und wie durch ein Wunder geht es der Hexe stündlich besser. Als es dunkel wird, verabschiedet sich der Wichtel und der Papagei Schnabel sorgt weiterhin für die Hexe. Und siehe da, am anderen Morgen geht es der Hexe schon fast wieder gut. Der Hals schmerzt nicht mehr, ihre Füße sind warm und das Fieber ist weg. Nur ihre Nase, die läuft noch ein ganz kleines bisschen, aber sie ist nicht mehr tomatenrot. Als der Wichtel Pfefferminz am anderen Tag wieder zur Hexe kommt, freut er sich, denn sie sieht richtig gesund aus. Das Genesungstuch und das Pfefferminzöl darf sie behalten und sobald sie wieder Schnupfen, Halsweh, Fieber, Husten oder kalte Füße bekommt, soll sie sofort Tuch und Pfefferminzöl benutzen und im Nu werden ihre Wehwehchen wieder fort sein. Die Hexe ist froh und verspricht zu tun, was der Wichtel ihr geraten hat, und der kalte Herbstwind, der durch die Ritzen und Löcher ihres Hauses zieht, der stört sie ab heute überhaupt nicht mehr.

Abschluss

Da es viele verschiedene Methoden gibt, eine Erkältung zu bekämpfen, können die Kinder darüber berichten, was ihnen geholfen hat, als sie einmal erkältet waren. Dann schenkt die Erzieherin jedem Kind ein weiches Leinentuch (eine Windel), das als Genesungstuch eingesetzt werden kann.

Das kleine Vitaminchen

Versgeschichte

Material Schneidebrettchen (für jedes Kind eins), ein kleines Glasschälchen, ein Messer, einige geschälte Apfelsinen, Obst nach eigener Wahl, eine große Schüssel, ein Abfalleimer

Einstieg Die Kinder schließen die Augen und probieren eine Stück Apfelsine. In einem Gespräch wird gemeinsam überlegt, warum es so wichtig ist, viel Obst zu essen. Nun erzählt die Erzieherin den Kindern folgende Versgeschichte.

Geschichte

Jetzt zur kalten Jahreszeit
ist es wieder mal so weit.
Bei diesem bitterkalten Wind
braucht ein jedes Menschenkind
Vitamine ohne Zahl,
die findet man nicht überall.
In frischem Obst sind sie versteckt,
hast du sie dort schon entdeckt?
Täglich einen Apfel essen
und du kannst Schnupfen schnell vergessen.
Das ist jedem hier im Land
schon seit langer Zeit bekannt.
Ich erzähl dir, hör gut zu,
von jemandem, den kennst auch du.

Ein klitzekleines Vitaminchen,
das wohnt in einem Apfelsinchen.
Es liegt ganz ruhig, es wartet still,
weil's gleich gegessen werden will.
Auf einmal hört es leises Knacken
und sieht große, dicke Backen.
Das Vitaminchen, klein und rund,
es liegt in einem großen Mund.
Und bevor es richtig guckt,
wird es sehr schnell verschluckt.

Das Vitaminchen hat's geschafft,
verteilt jetzt seine ganze Kraft.
Das Vitaminchen sorgt für dich,
für Große, Kleine und für mich.
Zu dieser kalten Jahreszeit
macht es sich dick und ganz, ganz breit.
In jedem Apfelsinchen
wohnt so ein Vitaminchen.
Iss Äpfel, Birnen jeden Morgen,
dann hast du niemals große Sorgen.
Denn viele Vitaminchen
sind nicht nur in Apfelsinchen.

Abschluss Nach einem Gespräch über gesundes Essen in der kalten Jahreszeit kann sich jedes Kind einen eigenen Obstsalat zusammenstellen.

Lenas Apfelbaum

Mitmachgeschichte

Material Eine Schüssel mit vielen kleinen Apfelstückchen

Einstieg Die Schüssel steht in der Kreismitte. Die Erzieherin weist die Kinder darauf hin, dass diese Äpfel ein Geschenk von Lena sind und erzählt die folgende Geschichte. Die Kinder müssen sehr gut aufpassen, denn immer dann, wenn in der Geschichte die Worte Apfel oder Äpfel fallen, stehen die Kinder auf, holen ein Apfelstück und essen es.

Geschichte Lena hat einen eigenen APFELbaum. Er steht im Garten zwischen vielen andern Obstbäumen. Ihr Vater hat für sie im letzten Sommer einen ZwergAPFELbaum gepflanzt. Im letzten Jahr war die Ernte noch nicht besonders groß. Da hat Lena nur fünf ÄPFEL geerntet. Die waren süß wie Zucker. Diese fünf ÄPFEL hat sie ganz allein gegessen. In diesem Jahr ist sie sehr gespannt. Wird sie jetzt mehr ÄPFEL ernten? Fast jeden Tag geht sie in den Garten und sieht nach. Tatsächlich, es hängen viele kleine ÄPFEL an ihrem Baum. Wenn die alle reif sind, dann kann sie eine Kiste damit füllen. Lena freut sich. Die Wochen vergehen und aus ihren kleinen ÄPFELN werden wunderschöne große. Als sie reif sind, macht Lena sich an die Arbeit. Sie pflückt zwei Körbe voller ÄPFEL. Die kann sie aber nicht allein aufessen. Was soll sie bloß mit den vielen ÄPFELN machen? Lena überlegt und hat sofort eine gute Idee.

Einige ÄPFEL will sie mit in den Kindergarten nehmen und aus den anderen Saft machen lassen. Am andern Morgen nimmt sie ein paar ÄPFEL mit in den Kindergarten. Zum Frühstück macht die Erzieherin mit den Kindern daraus APFELmus. Am Nachmittag fährt Lena mit ihrer Mutter in eine Kelterei. Das ist eine Fabrik, in der aus ÄPFELN Saft gemacht wird. Lena ist erstaunt, als sie dort ankommt. Sie sieht Berge voller ÄPFEL und kann miterleben, wie der Saft hergestellt wird. Das ist sehr spannend. Schon nach wenigen Tagen kann Lena mit ihrer Mutter den APFELsaft abholen. Nun kann sie ihren eigenen Saft trinken. Der schmeckt ihr natürlich besonders gut. Nachdem die APFELernte vorbei ist, geht Lena noch oft zu ihrem Baum und setzt sich unter ihn. Dann schließt sie die Augen und träumt von dicken roten, zuckersüßen ÄPFELN.

Tipp Vielleicht gibt es in Ihrer Nähe eine Kelterei, die Sie mit den Kindern besuchen können. Evtl. können sie aus mitgebrachten Äpfeln Apfelsaft herstellen lassen.

Der Riese Ruck-Zuck

Mitmachgeschichte

Einstieg Die Kinder müssen bei dieser Geschichte gut aufpassen. Bei dem Wort Ruck-Zuck können sie jeweils aufstehen und sich wieder hinsetzen. Bei dem Wort Pitsch schlagen sie auf den rechten, bei dem Wort Patsch auf den linken Oberschenkel.

Geschichte Jedes Jahr im Herbst, wenn der Winter schon fast vor der Tür steht, geschieht in dem kleinen Wald, ganz nah bei den sieben Zwergen, hinter den sieben Bergen, etwas Schreckliches. Der Riese Ruck-Zuck treibt dann sein Unwesen. Er geht dann täglich durch den Wald und reißt Bäume und Sträucher aus der Erde. Die bringt er zu sich nach Hause, damit er im Winter genug Holz für seinen Ofen hat. Da der Ofen riesig groß ist und Ruck-Zuck jeden Tag bergeweise Holz verbrennen muss, ist im Herbst kein Strauch und kein Baum vor ihm sicher. Er hat schon ganze Waldstücke abgerissen, wo nun kein Baum mehr steht. Die Zwerge haben Angst um ihren Wald. Er ist ihr Zuhause. Er bietet ihnen im Herbst Schutz vor den Herbststürmen und im Winter Schutz vor Kälte. Wenn der Riese Ruck-Zuck weiter sein Unwesen treibt, dann können die Zwerge hier nicht mehr länger leben. Jeden Morgen, wenn Ruck-Zuck mit großen, schweren Schritten durch den Wald stampft, schauen die Zwerge ängstlich aus ihrer Höhle. Sie sehen, wie Ruck-Zuck Tannen, Laubbäume und Büsche aus der Erde reißt und sie nach Hause schleppt. Erst wenn Ruck-Zuck verschwunden ist, trauen sie sich nach draußen. Dann laufen sie durch ihren Wald und sehen, was Ruck-Zuck angerichtet hat. Sie mögen den Riesen nicht und darum muss jetzt unbedingt etwas geschehen.

Eines Abends, als die Zwerge mal wieder draußen zusammensitzen, um noch die letzten warmen Sonnenstrahlen zu genießen, haben die beiden Zwerg Pitsch und Patsch eine Idee. Pitsch und Patsch stecken die Köpfe zusammen und mit freudiger Stimme sagt Pitsch: „In unserem Wald gibt es unzählige Tannenzapfen. Einige werden von den Eichhörnchen gefressen, doch viele liegen auch einfach nur so auf dem Boden herum." Patsch meldet sich und sagt: „Die können wir sammeln und zu einer Sammelstelle bringen. Der Riese Ruck-Zuck kann sich dann jeden Morgen die Tannenzapfen holen und sie im Winter statt unserer guten Büsche und Bäume verbrennen. Dann braucht er keine Bäume mehr auszureißen und unser Wald wäre gerettet." Diese Idee finden alle Zwerge gut. Pitsch und Patsch und auch die anderen Zwerge machen sich sofort auf den Weg und sammeln Tannenzapfen ein. An der großen alten Eiche soll die Sammelstelle sein. Die Zwerge schleppen und schleppen und schon nach wenigen Stunden ist der Tannenzapfenberg riesengroß. Die beiden Zwerge Pitsch und Patsch gehen nun zum Riesen Ruck-Zuck, um ihm von ihrer neuen Idee zu berichten. Er ist gerade wieder dabei, einen Baum aus dem Boden zu rupfen. Als er die beiden Zwerge Pitsch und Patsch sieht, wird er böse, denn er fühlt sich in seiner Arbeit gestört. Doch als Pitsch und Patsch ihm von dem Tannenzapfenberg erzählen, wird er neugierig und geht mit Pitsch und Patsch mit. Ruck-Zuck ist erstaunt. Der Tannenzapfenberg reicht ihm bis an die Nasenspitze. „Das reicht für einige Tage zum Feuermachen", sagt er mit lauter Stimme. Sofort macht er sich an die Arbeit und trägt die Zapfen nach Hause. Die kleinen Zwerge schauen ihm dabei aus ihrer Höhle zu. Pitsch und Patsch versprechen dem Riesen Ruck-Zuck, dass sie so lange für ihn Tannenzapfen sammeln, bis er genügend Vorrat für den Winter hat. Ruck-Zuck muss den Zwergen Pitsch und Patsch jedoch versprechen, nie wieder Bäume und Büsche auszureißen. Ruck-Zuck verspricht es und nun brauchen sich die Zwerge keine Sorgen mehr um ihren Wald zu machen. Pitsch und Patsch sind froh, dass sie eine so gute Idee hatten und können von nun an mit den anderen Zwergen und sogar gemeinsam mit dem Riesen Ruck-Zuck unbesorgt hier in diesem Wald wohnen.

Bauer Paul und die Schrumpelliese

Geschichte

Material Kastanien

Einstieg Die Kinder stehen im Kreis und halten die Hände auf dem Rücken. Die Erzieherin gibt einem Kind eine Kastanie in die Hand, sie wird erfühlt und still weitergereicht. Ist die Kastanie wieder beim ersten Kind angekommen, gibt die Erzieherin ein Startzeichen und alle rufen gemeinsam die Lösung. Anschließend erzählt sie eine Geschichte von einer ganz besonderen Kastanie.

Geschichte Paul ist Bauer. Er versorgt die Tiere auf seinem Hof, arbeitet auf seinen Feldern und auch im Wald. Er hat im Sommer und im Winter immer viel Arbeit. Kaum sind die heißen Sommertage vorbei, da muss er schon wieder an den Winter denken. Paul hat im Herbst immer besonders viel Arbeit, denn er muss für sich und seine Tiere einen Wintervorrat anlegen. Er ist jetzt von morgens bis abends damit beschäftigt, Kartoffeln aufzusammeln, Pflaumen zu pflücken und Kastanien für seine Tiere zu suchen.

Bei dieser Arbeit helfen ihm die Kinder aus dem Dorf und abends, wenn sie fertig sind, machen sie oft noch zusammen ein Lagerfeuer, braten Kartoffeln und dann erzählt Bauer Paul viele Geschichten. Es sind lustige, spannende, traurige, fantastische oder auch unglaub-

liche Geschichten. Heute hat er sich wieder eine Geschichte ausgedacht und gespannt hören die Kinder zu:

„Es war einmal eine winzig kleine Kastanie. Die lag mit vielen anderen Kastanien unter einem dicken Baum. Und weil sie nicht nur klein, sondern auch noch schrumpelig war, fühlte sie sich sehr unglücklich. Die anderen Kastanien haben sie nur ausgelacht und immer zu ihr ‚Schrumpelliese' gesagt. Eines Nachts, als alle Kastanien schliefen, musste sie leise weinen. Sie wollte weg von hier, sie wollte dorthin, wo sie nicht ausgelacht wurde. Hier war es nicht schön. Der Wind hörte ihr Weinen. Er kam zu ihr und fragte: ‚Warum weinst du?' Die kleine Kastanie schluchzte und sagte: ‚Ich bin so winzig klein und so schrumpelig. Mich mag keiner leiden. Jeden Tag lachen mich die anderen Kastanien aus. Ich will weg von hier.' Der Wind hatte Mitleid und sagte: ‚Ich will dir helfen. Ich puste dir nun ganz viel Kraft ein. Damit kannst du dich aufplustern und morgen bist du die größte Kastanie.' Das freute die kleine Kastanie und sie ließ sich von dem Wind anpusten. Die kleine Kastanie spürte die Kraft, die ihr der Wind schenkte und als er fort war, plusterte sie sich auf. Sie merkte, dass sie bei jedem Atemzug größer und dicker wurde. Die ganze Nacht verbrachte die Kastanie nun damit, sich aufzuplustern.

Am andern Morgen, als das Tageslicht die Kastanien weckte, war plötzlich ein Raunen zu hören. ‚Was ist das?', fragte leise eine Kastanie. ‚Woher kommt die?', fragte eine andere. Auf der Wiese lag eine Kastanie, die so groß war wie ein Kürbis. Die anderen Kastanien wirkten nun neben der Kürbiskastanie ganz klein und winzig. ‚So', sagte mit lauter Stimme die Kürbiskastanie, ‚ich bin nun nicht mehr klein und schrumpelig und ihr könnt mich nun nicht mehr auslachen und Schrumpelliese zu mir sagen. Nun seid ihr klein und schrumpelig und ich bin die Größte hier auf der Wiese.' ‚Das stimmt', sagte eine Kastanie. ‚Wie hast du das gemacht?', fragte sie. Die Kürbiskastanie lachte und sagte: ‚Das erzähle ich niemandem, das bleibt für immer mein Geheimnis.‘ Stolz lag sie da und ließ sich an diesem Tag von allen Kastanien bewundern.

Am Abend kam ein Junge vorbei. Auch er war auf der Suche nach Kastanien. Als er die riesengroße Kastanie sah, warf er alle kleinen aus seinem Korb und nahm die Kürbiskastanie mit.“

So endet diese merkwürdige Geschichte von Bauer Paul. Die Kinder fragen sich, ob sie ihm wohl glauben sollen. Gibt es solch eine große Kastanie überhaupt? Na, etwas seltsam ist das Ganze schon.

Zum Abschluss bekommt jedes Kind von Paul noch ein Leberwurstbrot und dann machen sie sich auf den Heimweg. Was sie unterwegs suchen, das kann sich bestimmt jeder denken.

Abschluss

Nach einem Gespräch über „Schrumpellieses“ Abenteuer können die Kinder Kastanien sammeln. Diese werden getrocknet und aus ganz vielen Kastanien kann ein Kastanienbecken (statt Ballbecken) hergestellt werden.

Mama hat Einmachfieber

Geschichte

Einstieg

Es wäre schön, wenn die Kinder zunächst einige selbst eingemachte (oder von Eltern gestiftete) Nahrungsmittel schmecken und probieren könnten, bevor sie etwas über das Anlegen eines Wintervorrates erfahren.
Wenn der Gaumen sensibilisiert ist, wird die Geschichte erzählt.

Geschichte

O je, seit Tagen hat Mama für Tina und Nina nur ganz wenig Zeit. Sie ist von morgens bis abends damit beschäftigt, Pflaumen einzukochen, Äpfel zu Mus zu verarbeiten, Kürbisse einzukochen und Marmelade zu kochen.

Tina und Nina sind noch klein und können der Mama bei dieser Arbeit gar nicht helfen. Sie sitzen mit am Tisch und schauen zu, probieren auch mal von der frisch gekochten Marmelade oder malen, damit die Zeit vergeht, Bilder. Auch abends, wenn der Papa nach Hause kommt, hat Mama keine Zeit. Immer noch schält sie Möhren, zerkleinert Kürbisse oder schält rote Beete.

Wenn Papa mit Tina und Nina allein am Abendbrottisch sitzt, dann sagt er: „Mama hat Einmachfieber. Das bekommt sie jedes Jahr im Herbst und diese Krankheit geht auch ohne Arzt und ohne Medizin wieder vorbei.“ Tina und Nina verstehen das zwar nicht so ganz, aber dass Papa sie in dieser Zeit ins Bett bringt, das gefällt ihnen besonders gut. Er macht nämlich mit ihnen jeden Abend eine Kissenschlacht.

Die Tage vergehen, aber das Einmachfieber scheint nicht vorbeizugehen. Jeden Tag kocht die Mama neue Marmelade oder friert Obst ein. Eines Mittags jedoch scheint sich Mamas Einmachfieber gelegt zu haben. Tina und Nina sitzen gemeinsam mit Mama und Papa am Mittagstisch und es gibt eine frische, von Mama zubereitete Kaltwettersuppe. Mmmmh, die schmeckt köstlich, und Tina und Nina werden gar nicht satt. „So“, sagt Mama, „jetzt ist mein Einmachfieber vorbei und ich habe wieder Zeit für euch. Mein Vorratskeller ist gefüllt und nun kann der Winter kommen.

So eine köstliche Kaltwettersuppe kann ich für euch auch im Winter kochen; denn ich habe alle Zutaten eingekellert." Tina und Nina freuen sich, denn diese Suppe könnten sie jeden Tag essen. Dass Mama in den letzten Tagen so wenig Zeit für sie hatte, ist schnell vergessen und von nun an steht täglich etwas aus Mamas Vorratskammer auf dem Tisch.

Abschluss Vielleicht möchten Sie nach dieser Geschichte gemeinsam mit den Kindern eine Kaltwettersuppe zubereiten.

Rezept für die Kaltwettersuppe (4 Personen):

Zutaten: 6 große Kartoffeln, 1 Stange Porree, 3–4 Möhren, 1 Zwiebel, 1 kleiner Blumenkohl, Margarine, 1 l Wasser, 1 Brühwürfel, ½ Becher Sahne, Salz, Pfeffer, 1 Prise Muskat, etwas Petersilie

Zubereitung: Kartoffeln schälen, Gemüse und Zwiebel putzen und alles klein schneiden. Fett in einem Topf auslassen und die Zwiebel darin schmoren. Dann die Kartoffeln und das Gemüse dazugeben. Brühe in dem Wasser auflösen und drübergießen. Etwa 30 Minuten köcheln (bis alles gar ist), mit Gewürzen abschmecken und dann die Sahne dazugeben.

Tipp

Wie wär's mit einer besonderen Herbstaktion: Einmachfieber im Kindergarten!
Gemeinsam einen Wintervorrat anlegen und für das gesunde Frühstück oder den Mittagstisch selbst Apfelmus machen, Gemüse einfrieren, Marmelade kochen oder Saft herstellen macht nicht nur Spaß, sondern verändert bei den Kindern vielleicht so ganz nebenbei das Essverhalten und das Konsumdenken. Selber machen, so wie früher, ist etwas, was auch als Ritual neu entdeckt werden kann und dazu bietet sich die Herbstzeit an. Versuchen Sie es einmal und machen sie eine Einmachwoche! Bitten Sie die Eltern um Mithilfe. Sie werden sehen, wie viel Spaß das allen Beteiligten macht.

Hier ein schnelles Rezept für eine leckere Herbstmarmelade:

Kirsch-Holunder-Apfel-Marmelade

Zutaten:

600 g entsteinte und gewaschene Sauerkirschen
300 g Holunderbeeren, gewaschen und ohne Stiel
300 g geschälte, entkernte Äpfel
1 Päckchen Vanillezucker
500 g Extra-Gelierzucker

Zubereitung:

Zubereitetes, zerkleinertes Obst mit dem Vanillezucker in einen Topf geben. Gelierzucker hinzufügen und 3 Minuten unter ständigem Rühren kochen. Danach sofort randvoll in vorbereitete Gläser füllen, Gläser zuschrauben, auf den Kopf stellen und abkühlen lassen. Kühl und dunkel lagern.

Wenn der kalte Herbstwind weht

Reimgeschichte

Einstieg Die Erzieherin stellt den Kindern ein Rätsel:

Wer ist das?
Er zieht durch jede Ritze,
er braust durch jedes Haus,
er kühlt uns in der Hitze,
lockt alle heut hinaus.
(Wind)

Wenn die Kinder das Rätsel gelöst haben, können sie über ihre eigenen Erlebnisse mit dem Wind berichten.
Danach lädt die Erzieherin zu einer Reimgeschichte ein. Das letzte Wort in der zweiten Zeile sprechen die Kinder laut mit.

Geschichte Wenn der wilde Herbstwind weht,
ein jedes Kind nach draußen ... (geht).

Spielt sehr gern im kühlen Wind,
so wie jedes kleine ... (Kind).

Die bunten Blätter wirft er munter
von dem großen Baum ... (hinunter).

Der Wind, er treibt sie hin und her,
das mögen bunte Blätter ... (sehr).

Die Kinder sammeln alle ein
und nehmen sie vergnügt mit ... (heim).

Wenn der wilde Herbstwind weht,
ein jedes Kind nach draußen ... (geht).

Spielt sehr gern im kühlen Wind,
so wie jedes kleine ... (Kind).

Die Kastanien wirft er munter,
von dem großen Baum ... (hinunter).

Der Wind, er treibt sie hin und her,
das mögen die Kastanien ... (sehr).

Die Kinder sammeln alle ein
und nehmen sie vergnügt mit ... (heim).

Wenn der wilde Herbstwind weht,
ein jedes Kind nach draußen ... (geht).

Spielt sehr gern im kühlen Wind,
so wie jedes kleine ... (Kind).

Die Nüsse wirft er munter
von dem Baum ... (hinunter).

Der Wind, er treibt sie hin und her,
das mögen kleine Nüsse ... (sehr).

Die Kinder sammeln alle ein
und nehmen sie vergnügt mit ... (heim).

Wenn der Wind nach Hause geht,
ein jedes Kind ganz ruhig ... (steht).

Den Kindern macht der Herbstwind Freude,
jeden Tag und nicht nur ... (heute).

Sie springen munter hin und her,
sie mögen diesen Wind so ... (sehr).

Die Kinder sammeln ohne Hetze
alle diese schönen ... (Schätze).

Abschluss

Vielleicht haben die Kinder Lust, nach dieser „windigen" Reimgeschichte selbst einmal den Wind zu spielen oder weitere Rätsel zu lösen?

Spiele

Zwei Trockentücher liegen auf dem Boden, darauf jeweils ein Wattebausch. Vor jedem Tuch kniet ein Kind und versucht, die Watte von dem Tuch herunterzupusten. Wer schafft es zuerst?

Auf einem Tisch (oder auf dem Boden) liegen zwei Tischtennisbälle. Alle Kinder stehen (knien) darum herum und bringen durch Pusten die Bälle in Bewegung. Wenn sich die Bälle treffen, ist das Spiel zu Ende.

Rätsel

Der Wind, er bläst und wirft ganz munter
Pfannen von dem Haus herunter.
Die Glocken läuten in dem Turm,
das macht der Wind und der heißt ... (Sturm).

Der Wind, er bringt auf Schritt und Tritt
uns oft ganz viele Tropfen mit.
Es plätschert auf den Wegen
ich glaube, das ist ... (Regen).

Einen Baum, den kann ich riechen

Versgeschichte

Material Stifte, Malpapier

Einstieg Die Erzieherin stellt den Kindern ein Rätsel:

Rätsel Was ist das?
Im Frühling ist sein Kleid schneeweiß,
und ist es im Sommer heiß
kannst du in seinem Schatten stehn,
kannst grüne Blätter an ihm sehn.
Im Herbst, da sieht man weit und breit
sein kunterbuntes Blätterkleid.
Im Winter steht er kahl und still,
weil er jetzt lange ruhen will.
(Baum)

Ein Gespräch über Bäume kann sich anschließen. Danach bekommt jedes Kind ein Blatt und Stifte und kann seinen Baum malen.
Diese Bilder werden in die Kreismitte gelegt und können, während der folgende Vers vorgetragen wird, betrachtet werden.

Vers

Einen Baum, den kann ich riechen,
mich in seinem Kleid verkriechen.
Drum mag ich Bäume groß und klein,
wie würd' es ohne sie wohl sein?

Einen Baum, den kann ich fühlen,
kann in seinem Laub rumwühlen.
Drum mag ich Bäume groß und klein,
wie würd' es ohne sie wohl sein?

Einen Baum, den kann ich hören,
sein Rauschen kann mich gar nicht stören.
Drum mag ich Bäume groß und klein,
wie würd' es ohne sie wohl sein?

Einen Baum, den kann ich schmecken,
kann in ihm sehr viel entdecken.
Drum mag ich Bäume groß und klein,
wie würd' es ohne sie wohl sein?

Die Welt wär' farblos ohne Bäume,
uns fehlten viele schöne Träume,
uns fehlte schöner frischer Duft,
die Welt wär' grau, die Luft verpufft.

Drum lasst uns jetzt nach draußen gehn,
um uns die Bäume anzusehn.
Jetzt im Herbst kann man sie sehn
kunterbunt im Garten stehn.

Abschluss

Gemeinsam gehen die Kinder nach draußen und suchen sich einen Baum aus. Dieser Baum wird über das ganze folgende Jahr beobachtet, Veränderungen werden in ein Baumtagebuch eingetragen und er kann den Jahres- und Festzeiten entsprechend geschmückt werden.

Ich male langsam, schau gut hin

Malrätsel

Material Für jedes Kind einen Bleistift, ein Blatt und viele Buntstifte

Raumvorbereitung Die Kinder sitzen am Tisch und die Materialien liegen griffbereit.

Einstieg Die Erzieherin lädt die Kinder zu einem Malrätsel ein. Dazu nimmt sie ein Blatt und einen Bleistift. Während sie den Text spricht, malt sie.

Rätsel

Heute denk ich mir was aus,
ich male gar kein großes Haus.
Ich male langsam, schau gut hin,
weil ich jetzt ein Künstler bin.
Einen Bleistift siehst du hier,
der geht nun über das Papier
(mit dem Bleistift einen Strich malen).
Er geht nun um die Ecke,
geht eine gerade Strecke,
(Linie im rechten Winkel nach unten verlängern)
geht nochmals um die Ecke,
geht langsam geradeaus
(wieder im rechten Winkel abbiegen)
und ist wieder zu Haus
(ein Quadrat ist entstanden).
Ich dreh das Blatt und schaue dann,
(das Blatt nehmen und drehen)
was ich daraus machen kann.
An eine Ecke mal ich schnell,
(den Stift an eine Ecke ansetzen und
einen gewellten Faden daran malen)
'nen langen Faden auf der Stell.

Der flattert hin und her,
(den Faden weiter malen)
das Bild gefällt mir sehr.
Die Nase und ein Mund
und Augen kugelrund
(nun entsprechend das Gesicht malen)
sind mitten im Gesicht,
sag schnell, wie heißt der Wicht?
(Die Kinder rufen den Namen.)
Bunte Bänder hier und da,
(überall bunte Bänder dran malen)
mein Drachen, der ist wunderbar.
Er fliegt in dieser schönen Zeit,
mit mir am liebsten ganz, ganz weit.

Abschluss Die Kinder bekommen nun ein Blatt, einen Bleistift und Buntstifte und können selbst einen Drachen malen.

Tipp Vielleicht lädt dieser gemalte Drachen zu einem Drachentag ein. Bei stürmischem Wetter bringt das viel Spaß.
Zur Vorbereitung werden Drachen gebastelt. Stellen Sie eine große Auswahl an Materialien zur Verfügung, damit die Kinder selbst Ideen entwickeln können. Um die Fantasie der Kinder anzuregen, können zunächst Flatterdrachen gebastelt werden.

Bastelangebot Kunterbunte Flatterdrachen

Flatterdrachen aus Papp-Tortenplatten

Material Tortenplatten aus Pappe, Locher, Schere, Wolle, Krepppapier, Mülltüten, Folie, Wachsmalstifte, Folienstifte, Tacker

Herstellung Die Kinder bemalen die Tortenplatten und machen an einer Hälfte mit dem Locher viele Löcher am Rand. Aus Krepppapier, Mülltüten und Folie schneiden sie lange Streifen. Die Mülltütenstreifen können mit Folienstiften bemalt werden. Anschließend werden die Streifen durch die Löcher gezogen und mit einem Tacker befestigt. An der den Flatterbändern gegenüberliegenden Seite wird ein langes Band befestigt.

Flatterdrachen aus Jogurtbechern

Material Jogurtbecher, Folienstifte, ein scharfes Messer, Folie, Mülltüten, Kreppppapier, Wolle, dicke Perlen, Scheren

Herstellung Die Jogurtbecher werden mit Folienstiften bemalt. Die Erzieherin bohrt in den Boden jeden Bechers ein etwas größeres Loch. Die Kinder schneiden lange Streifen aus Kreppppapier, Folie oder Mülltüten und ziehen diese von innen durch das Loch. Von außen werden diese Streifen miteinander verknotet. Ein langes Band wird von außen durch das Loch gezogen und innen mit einer dicken Perle fest verknotet.

Zehn Blätter hängen an dem Baum

Fingerspiel

Geschichte

Zehn Blätter hängen an dem Baum,
(die Hände hoch halten und die Finger locker nach unten hängen lassen)
und sie träumen einen Traum
(in dieser Haltung die Hände still halten).
Sie hängen still, sind kunterbunt,
manche sind zackig, manche rund.
Plötzlich kommt der Wind daher,
(pusten)
er mag die bunten Blätter sehr.
Er bläst sie an, aus ist der Traum,
(einmal nach rechts, einmal nach links pusten)
sie tanzen nun an ihrem Baum
(mit den herunterhängenden Fingern zappeln).
Sie tanzen munter hin und her,
(mit den Fingern hin und her zappeln)
der Wind, er pustet heut gar sehr.
Doch plötzlich, zipp und zapp,
wirft er die Blätter ab
(langsam mit den Fingern Richtung Oberschenkel zappeln).
Sie purzeln nun ganz munter
auf die Erde runter.
Hin und her geht es geschwind,
(weiter hin und her Richtung Oberschenkel zappeln)
tüchtig bläst der kühle Wind
(pusten).
Leise legen sie sich nieder,
(Hände auf die Oberschenkel legen)
schau, der Wind, er bläst schon wieder
(pusten).

Die Blätter wehen hin und her,
(Hände auf den Oberschenkeln hin und her kullern)
rundherum ist auch nicht schwer.
(Hände auf den Oberschenkeln rundherum kullern.)
Doch jetzt bläst sie der Wind weit fort,
(pusten)
an einen unbekannten Ort
(Hände hinter den Rücken legen).

Abschluss

Dieses Fingerspiel kann dazu einladen, bunte Blätter zu sammeln, sie zu pressen und dann damit bunte Blättertiere oder Fantasiewesen zu kleben.

An dem weiten, blauen Himmel

Fingerspiel

Geschichte

An dem weiten, blauen Himmel
ist heut ein heftiges Gewimmel
(Hand an die Stirn halten und hochschauen).
Vögel fliegen kreuz und quer,
auf und ab und hin und her
(die Arme auf und ab, hin und her und übereinander bewegen).
Zwitschern laut und auch mal leise,
(laut und leise zwitschern und die Arme immer weiter bewegen)
machen heut 'ne lange Reise.
Hier können sie nicht länger bleiben,
im Winter müssen sie hier leiden.
Sie fliegen miteinander fort
an einen schönen, warmen Ort.
Kreuz und quer geht es geschwind,
sie fliegen ganz schnell mit dem Wind
*(pusten, die Arme bewegen und dann
die Hände hinter den Rücken halten).*

Abschluss Dieses Fingerspiel kann auch als Bewegungsspiel wiederholt werden. Zusätzlich zu den Armbewegungen „fliegen" die Kinder noch durch den Raum.

Tipp Ausgehend von diesem Spiel lässt sich leicht ein Einstieg finden für ein Sachgespräch zum Thema „Vögel suchen ein Winterquartier". Daraus kann sich die Idee entwickeln, ein Vogelhäuschen für die Vögel, die im Winter bei uns bleiben, zu bauen.

Stachis Wintervorbereitungen

Natur- und Sachbegegnung

Material

Viele verschiedene Tücher, Schals, Stoffreste, Papier, Bilder zum Thema: Wintervorbereitungen der Tiere, ein Stofftierigel, für je zwei Kinder ein Badetuch

Einstieg

In der Kreismitte liegt ein Tücherberg, darin versteckt ist der Stoffigel. Die Kinder ertasten, was im Tücherberg verborgen ist, behalten aber das Erfühlte zunächst als Geheimnis für sich. Wenn alle an der Reihe waren, rufen die Kinder gemeinsam laut das Ergebnis. Der Stofftierigel wird auf die Tücher gelegt und ein Gespräch über das Leben der Igel kann sich anschließen.

Danach stellt die Erzieherin den Kindern den Igel vor und nennt ihn Stachi. Von ihm wird folgende Geschichte erzählt.

Geschichte

In einem großen Park, zwischen Blumenbeeten, Büschen und Bäumen, zwischen Moos und Gras, hat schon seit vielen Jahren ein kleiner Igel seine Heimat gefunden. Tagaus, tagein, bei Regen, Sonne, Wind und Sturm trippelt er durch sein Revier und er fühlt sich hier sehr wohl. Er kennt jede Ecke, jeden Busch, jedes Mauseloch und jeden Maulwurfshügel und er hat hier viele, viele Freunde. Es sind zwar keine Igel, aber Vögel, ein uralter Maulwurf und jede Menge Regenwürmer, Käfer und anderes Krabbelgetier. Der Igel wird von seinen Freunden Stachi genannt. Stachi hinterlässt da, wo er war, Spuren. Er durchwühlt Blätterberge, weiche Erde und seine Fußspuren zeigen jedem, der hier im Park mit ihm lebt, wo Stachi sich gerade aufhält.

Stachi ist im Herbst immer besonders neugierig. Überall sucht er nach Essbarem, denn er muss sich bis zum Winter noch ein ganz schön dickes Fettpolster zulegen. Das ist gar nicht so schwer, denn zu fressen gibt es hier genug.

Etwas mehr Arbeit macht ihm die Suche nach warmen Zudeckutensilien. Stachi muss sich nämlich in den nächsten Tagen noch Dinge suchen, aus denen er sich sein Winterquartier bauen kann. Von morgens bis abends schiebt er nun Blätter zusammen, schubst kleine Zweige und Äste vor sich her und sucht nach weichem Moos, auf dem es sich wunderbar träumen lässt. Sein Winterhaus muss so dicht und warm sein, dass Frost, Schnee und Kälte ihn nicht aus seinem tiefen Schlaf wecken können. Mit weichen Blättern, Moos, Gräsern, ja sogar mit Papier deckt er sich zu und erst, wenn es ihm in seinem Winterhaus weich und warm genug ist, erst dann kann er so lange schlafen, bis die Frühlingssonne ihn weckt. Stachi sucht darum jeden Tag und manchmal sogar noch in der Nacht. Die Herbststage werden immer kürzer und es ist jetzt schon früher dunkel, darum muss er sich beeilen und hat keine Zeit für Gespräche. Er hat auch keine Zeit, um seinen Freunden, den Vögeln, zuzuhören, die in Scharen über ihn hinwegziehen und laut „Auf Wiedersehen“ rufen. Stachi bemerkt gar nicht, dass sie fortfliegen, und darum ist er eines Tages auch erstaunt, dass es so still im Park ist. Als er eine kurze Verschnaufpause vor seinem Blätterhaus macht, fällt es ihm zum ersten Mal auf. Es ist um ihn herum mäuschenstill. Da sieht er, wie sein Freund, der Regenwurm Kriech, aus der Erde schaut. „Wo sind meine Freunde, die Vögel?“, fragt Stachi. „Die sind doch schon seit Tagen fort“, antwortet Kriech. „Hast du denn nicht die Vogelschwärme gesehen und gehört. Sie haben dir doch ‚Auf Wiedersehen‘ zugerufen.“ „Ich hatte zum Zuhören keine Zeit. Wohin sind sie denn geflogen?“, fragt Stachi erstaunt. „In den Süden, und dort bleiben sie, bis es bei uns wieder warm wird“, sagt Kriech und kriecht zurück in die Erde.

Die Tage vergehen und Stachi hat es endlich geschafft. Sein Winterhaus ist dicht, er hat viele Blätter, Gräser und auch einiges an Papier, mit dem er sich zudecken kann, gesammelt und sein Winterspeck ist nun auch dick genug. Stolz betrachtet er sein Blätterhaus, holt seinen Freund Kriech und sagt: „So, ich möchte mich von dir verabschieden. Der Herbst ist fast zu Ende und ich werde mich jetzt zur Ruhe begeben. Ich werde mich zudecken und dann so lange schlafen, bis die Frühlingssonne mich weckt. Wenn ich verschlafen sollte, dann weck du mich bitte“, sagt er. „Das will ich gerne tun und wenn ich es vergessen sollte, dann sind ja wieder deine Freunde, die Vögel, da, die dich mit ihrem Gesang wecken“, sagt Kriech, verabschiedet sich, ja, und dann verschwinden beide in ihre warmen Wohnungen. Kriech verkriecht sich unter die Erde und Stachi legt sich auf sein Bett aus weichem Moos, deckt sich mit Blättern, Gräsern und Papier zu und schläft wenige Sekunden später auch schon ein.

Abschluss

Ein Sachgespräch über die Wintervorbereitungen der Igel, der Vögel und anderer Tiere kann sich anschließen. Es kann mit Bildern oder Bilderbüchern unterstützt werden.

Nach dem Gespräch bilden die Kinder Paare. Ein Kind legt sich auf die Decke und bei ruhiger Musik kann das andere Kind dieses mit Tüchern, Papier und Stoffresten zudecken. Nach einer Zeit des Nachspürens werden die Gegenstände langsam wieder vom Körper entfernt. Nach dem Partnerwechsel und der Wiederholung des Zudeckspiels können die Kinder in einem Gespräch ihre Empfindungen mitteilen.

Tipp

In einer kleinen Aktion (mit oder ohne Eltern) werden in den nächsten Tagen Laub, Zweige, Äste und Baumschnitt zu einer Hecke zusammengetragen. Hier könnte dann ein Igel einziehen, der vielleicht noch einen Platz zum Überwintern sucht.

Der Kastanienkönig

Märchen

Hinweis Einige Tage vorher sammeln die Kinder Kastanien und die Erzieherin bastelt eine Kastanienkrone.

Material Ein Samttuch oder ein goldfarbenes Tuch, die gebastelte Krone aus fester Pappe mit aufgeklebten Kastanien, für jedes Kind ein Streifen feste Pappe, Schere, Klebstoff, ein Stift, Kastanien, Heißkleber

Einstieg In der Kreismitte liegt das Tuch, darauf die Kastanienkrone. Die Kinder betrachten die Krone und ein Gespräch über Könige und ihr Leben kann sich anschließen. Danach lädt die Erzieherin zu einem Märchen ein.

Geschichte In einem wunderschönen alten Schloss wohnt der Kastanienkönig. Den Namen Kastanienkönig hat ihm sein Volk gegeben, denn jedes Jahr im Herbst muss jeder, der hier in dem Dorf unterhalb des Schlosses wohnt, für die Rehe, Wildschweine und Hirsche des Königs Kastanien sammeln und sie spätestens bis zum letzten Herbsttag in seinem Schloss abgegeben haben. Wer die meisten Kastanien sammelt, wird am letzten Herbsttag auf einem großen Kastanienfest geehrt. Er bekommt dann als Belohnung warme Winterstiefel geschenkt. Da die Familien ihren König sehr gern mögen und alle gern zum großen Feste eingeladen werden möchten, sammeln sie von morgens bis abends und jeder aus der Familie hilft mit. Im Nu ist der erste Speicher gefüllt und Tag für Tag bringen die Menschen in Eimern, Säcken und Karren Kastanien herbei und füllen weitere Speicher.

Der König ist mit seinem Volk sehr zufrieden und am letzten Herbsttag organisiert er mit seinen Köchen, Mägden und Dienern ein wunderbares Fest in seinem Schlossgarten. Es gibt viele köstliche Suppen und Kartoffelgerichte, es werden Spiele für Groß und Klein angeboten und gemeinsam wird getanzt, gesungen und gelacht. Der Kastanienkönig feiert mit und ist sehr zufrieden. Die Speicher sind bis oben hin mit Kastanien gefüllt.

Der Kastanienkönig ist ein guter König, darum hat er in diesem Jahr eine besondere Überraschung. Weil sein Volk so viele Kastanien gesammelt hat wie noch nie zuvor, schenkt er aus Dankbarkeit jedem Helfer ein Paar warme Winterstiefel. Die Menschen sind über diese Entscheidung ihres Königs sehr erfreut und lassen ihn hochleben. Die Kinder singen ihm zu Ehren wunderschöne Lieder und die Erwachsenen tanzen für ihren König einen Kastanientanz. Alle sind zufrieden und wollen an diesem Abend gar nicht nach Hause gehen. Bis weit nach Mitternacht geht das Fest und als dann alle zu Hause sind, geht der König noch einmal durch die vollen Speicher und ist froh. In diesem Winter geht es allen gut, seinen Tieren, seinem Volk und auch ihm. Zufrieden löscht er die vielen hundert Kerzen und legt sich schlafen.

Abschluss Nach einem Gespräch bastelt sich nun jedes Kind eine Kastanienkrone.
In den nächsten Tagen können die Kinder Kastanien sammeln und sie in einem Tiergarten oder bei einem Förster abgeben.

Tipp Diese Geschichte kann auch als Einstimmung für ein Kastanienfest dienen, bei dem es wie im Märchen köstliche Suppen, Kartoffelgerichte, Tänze und viele Spiele gibt.

Spiele Kastanienspiele

Der Kastanienfresser

Material Schere, Filzstifte, Krepppapier, zwei Papp-Tortenplatten, Wolle, zwei Einmachtüten, Hefter, Locher, Band, viele Kastanien, Tesakrepp

Vorbereitung Die beiden Tortenplatten werden bemalt, sodass lustige Gesichter mit großem Mund entstehen. Die Mundöffnung wird ausgeschnitten, hinter der Öffnung wird eine Einmachtüte befestigt. Die „Kastanienfresser“ werden an Bändern aufgehängt.

Ablauf Die Kinder werden in zwei Gruppen aufgeteilt. Jedes Kind bekommt drei Kastanien. Die Entfernung zum „Kastanienfresser“ wird mit einem Tesakreppstreifen auf dem Boden markiert. Die beiden Gruppen stehen jeweils hintereinander. Auf ein Signal hin versucht das erste Kind, eine Kastanie in den Mund des „Kastanienfressers“ zu werfen. Danach stellt es sich wieder hinten an und das nächste Kind ist an der Reihe usw. Das Spiel ist beendet, wenn alle Kinder ihre Kastanien „verfüttert“ haben. Welcher „Kastanienfresser“ hat am meisten Futter bekommen?

Kastanienwettlauf

Material Zwei Eimer, zwei Tische, Kreppband, für jedes Kind einen Teelöffel und eine Kastanie

Ablauf Die Kinder werden in zwei Gruppen aufgeteilt. Mit Kreppband werden zwei Bahnen auf dem Boden markiert. Am Ziel steht jeweils ein Tisch, darauf ein leerer Eimer. Die Kinder stehen mit ihrem Löffel und der Kastanie hintereinander am Start. Auf ein Signal hin nimmt das erste Kind jeder Gruppe seinen Löffel in den Mund, legt die Kastanie darauf, verschränkt die Hände auf dem Rücken und bringt so die Kastanie zum Ziel. Dort wird sie, ohne Zuhilfenahme der Hände, in den Eimer gelegt. Dann startet das nächste Kind usw. Beendet ist das Spiel, wenn die erste Gruppe alle Kastanien ins Ziel gebracht hat.

Stachelige Herbstschätze

Natur- und Sachbegegnung

Material Stachelige Pflanzen und Naturmaterialien (z. B. Kastanienschalen, Tannenzapfen, Distel, Kaktus, Rose), Bilder von Pflanzen und Blumen mit und ohne Stachel (Memorykärtchen), ein großes dünnes Tuch, ein kleineres Abdecktuch
Für die Experimentierphase: Igelball, Nagelbürste, Rasierpinsel, Knetgummi, Steckschwamm, viele Zahnstocher, Lederhandschuhe, dicke Tücher, Pinzetten, Lupen, Sammelbehälter aus Glas und Taschen für den Transport von stacheligen Herbstschätzen

Einstieg Die Kinder sitzen im Kreis. Unter einem dünnen Tuch in der Kreismitte liegen mehrere Kastanien mit Schale. Die Kinder sollen nun durch genaues Hinschauen oder Fühlen herausfinden, was sich unter dem Tuch verbirgt. Wenn jedes Kind einmal geschaut und/oder gefühlt hat, rufen alle gemeinsam laut das Ergebnis.
Anschließend wird das Tuch entfernt und jedes Kind kann eine Kastanie im Stachelhaus in die Hand nehmen. In einem Gespräch erzählen die Kinder, was sie über die Aufgabe der stacheligen Hülle wissen. Zum Abschluss des Gesprächs spricht die Erzieherin einen Vers.

Vers Im Stachelhaus, da ruht ein Schatz,
er hat in diesem Haus viel Platz.
Er kann dort wachsen, wird sehr schön,
kann leider nicht die Sonne sehn.

Doch irgendwann, da platzt das Haus,
der kleine Schatz, er fällt heraus.
Nun kann der Schatz die Sonne sehn,
er kann mit dir (die Erzieherin zeigt auf
ein Kind) nach Hause gehn.

Die Kinder öffnen nun die Schale ihrer Kastanie und erleben, wie die stachlige Hülle ihren Schatz, die Kastanie, freigibt.

Anschließend zeigt die Erzieherin eine Rose. Vorsichtig können die Kinder den Pflanzenstiel berühren. Im Gespräch versuchen die Kinder, weitere Pflanzen, die Stacheln oder Dornen haben, zu nennen. Die Erzieherin stellt stachelige Pflanzen in die Kreismitte und erklärt, dass die Stacheln die Pflanzen davor schützen sollen, dass sie von Tieren gefressen werden oder dass sie angefasst und zerstört werden.

Einige Pflanzen- und Blumenbilder werden nun mit dem Motiv nach unten in die Kreismitte gelegt. Die Kinder können sie nacheinander umdrehen und allein oder gemeinsam die Frage beantworten, ob diese Pflanzen Stacheln oder Dornen haben oder nicht.

Aber nicht nur Pflanzen haben Stacheln, sondern es gibt auch stachelige Tiere. Zur Einführung ins Gespräch stellt die Erzieherin zwei Rätsel.

Rätsel

Sie summt und summt,
willst du sie necken,
dann wehrt sie sich
und will dich stechen.
(Biene)

Er hat Stacheln überall.
Und rollt er sich zu einem Ball,
dann sollst du ihn nicht fassen,
du sollst es lieber lassen.
(Igel)

Wenn die Kinder die Rätsel gelöst haben (das Ergebnis jeweils gemeinsam laut rufen), zählen sie Tiere mit Stacheln auf, die sie kennen. Die Erzieherin erklärt, dass Stacheln ein Schutzmechanismus für Tiere sind und dass sie vor Angreifern schützen.

Abschluss

In einer Experimentierphase machen die Kinder mit den bereitgestellten Materialien „stachelige“ Erfahrungen. Sie können mithilfe der Lupen und Pinzetten die Gegenstände untersuchen, sie mit Handschuhen berühren und erforschen und selbst stachelige Dinge herstellen (z.B. in einen Steckschwamm oder Knetgummi Zahnstocher stecken). Wenn die Kinder Interesse am Thema haben, können sie sich bei einem Herbstspaziergang auf die Suche nach stacheligen Herbstschätzen machen und weiter experimentieren.

Inhalt der hellbraunen Seiten

Mein Herbstspaziergang

Bewegungsangebot mit Elementen aus dem Yoga

Material

Viele leicht fallende Chiffontücher in herbstlichen Farben, viele bunte Herbstblätter, CD-Spieler, CD mit ruhiger und beschwingter Musik, ein Abdecktuch, für jedes Kind eine Decke oder Sitzmatte

Raumvorbereitung

Mit den Sitzmatten einen Kreis bilden und die Chiffontücher in der Mitte zu einer Wiese zusammenlegen. Das restliche Material liegt griffbereit und ist mit einem Tuch abgedeckt.

Einstieg

Die Kinder sitzen auf ihrer Matte und betrachten die Kreismitte. Die Tücher sollen sie an eine Wiese im Herbst erinnern. Ein Gespräch über Herbstspaziergänge kann sich anschließen. Jedes Kind nimmt sich ein Tuch und nach beschwingter Musik wird frei nach Fantasie ein Herbstwiesentanz getanzt.

Anschließend legen die Kinder die Tücher wieder zu einer Wiese zusammen. Nach einem Gespräch bilden sie mit der Hand eine Schale und schließen die Augen. Bei ruhiger Musik gibt die Erzieherin ihnen jeweils ein buntes Herbstblatt in die Hand. Dieses können sie erfühlen oder an ihm riechen. Die Lösung rufen alle zusammen. Jedes Kind zeigt sein Blatt, die Blätter werden herumgereicht und vielleicht ergibt sich ein Gespräch. Anschließend legen die Kinder ihre Blätter auf die Tücherwiese und die Erzieherin lädt sie nun zu einem Herbstspaziergang ein.

Geschichte

Es ist früh am Morgen und die Sonne geht auf.
(Yogaübung: Mit den Füßen fest auf dem Boden stehen. Mit geradem Rücken die Schultern, Arme und Hände neben dem Körper hängen lassen. Beim Einatmen die Hände langsam seitlich nach oben führen und

mit den Fingerspitzen über dem Kopf zusammenkommen. Langsam die Hände wieder nach unten führen und dabei ausatmen.)
Sie steigt langsam höher und höher und wird immer größer.
(Die obere Übung 2x wiederholen.)
Sie lockt mich aus dem Haus. Ich ziehe mich warm an und gehe los.
(Pantomimisch das Anziehen spielen und durch den Raum gehen.)
Plötzlich höre ich etwas. Ich bleibe stehen und höre den Wind.
(Atemübung: Tief durch die Nase einatmen und durch den Mund pustend ausatmen. 2x wiederholen.)
Ich schaue mich um *(nach hinten schauen)* und entdecke ganz in der Nähe einen großen Baum. Er trägt ein herrlich buntes Blätterkleid. Schnell laufe ich zu ihm.
(Durch den Raum oder auf der Stelle laufen.)
Er hat breite Äste und Zweige, an denen viele bunte Blätter hängen.
(Yogaübung: Beine fest auf den Boden stellen, gerade stehen, einatmen und dabei die Arme seitlich in die waagerechte Haltung bringen. Langsam und ruhig weiteratmen.)
Der Wind weht ...
(Atemübung: Durch die Nase tief einatmen und durch den Mund ausatmen.)
... und die Zweige und Äste mit den vielen bunten Blättern bewegen sich dabei hin und her.
(Ruhig und gleichmäßig atmen und den Oberkörper mit den ausgestreckten Armen leicht hin und her drehen.)
Der Herbstwind bläst so stark, ...
(Atemübung: Tief durch die Nase einatmen und durch den Mund pustend ausatmen.)
... dass er die Äste und Zweige langsam nach unten biegt.
(Ruhig atmen und die Arme langsam seitlich nach unten führen.)
Die warme Herbstsonne ...
(Yogaübung: Die Arme seitlich langsam nach oben führen. Dabei tief einatmen und die Finger zusammenbringen. Die Arme langsam nach unten führen und dabei langsam ausatmen.)
... lässt die Blätter in allen Farben leuchten.
Der Herbstspaziergang hat mich müde gemacht *(gähnen)* und ich setze mich auf einen dicken Stein, der am Wegrand steht.

(Yogaübung: Knien, den Körper nach vorne beugen, den Kopf vor die Knie legen. Dabei die Arme, mit den Handflächen nach oben, seitlich nach hinten legen, die Schultern locker zum Boden fallen lassen, den Oberkörper locker auf die Knie fallen lassen und so entspannt verharren und ruhig atmen.)

Nach dieser Pause geht es mir wieder gut. Langsam stehe ich auf, recke und strecke mich und gehe nach Hause.
(Langsam aus der Steinhaltung wieder hochkommen, sich recken und strecken und pantomimisch gehen.)
Zu Hause angekommen lege ich mich sofort schlafen und habe einen wunderbaren Traum
(Sich bequem in die Rückenlage legen und die Augen schließen.)

Abschluss

Tiefenentspannung:
Jedes Kind liegt entspannt auf der Decke, schließt die Augen, atmet ruhig und tief ein und aus und lässt sich von der ruhigen Musik „zudecken".
Bewusste Aufwachphase:
Die Erzieherin leitet die Aufwachphase mit folgenden Worten ein: Deine Traumreise ist nun beendet. Du bist wieder mit deinen Gedanken hier im Raum. Du spürst wieder deinen Atem und auch deinen Körper. Weck nun langsam deine Finger, bewege sie. Bewege die Arme, die Zehen, die Beine, deinen ganzen Körper, reck und streck dich, gähn laut, öffne jetzt die Augen und setz dich.

Anschließend können die Kinder die Erfahrungen, die sie gemacht haben, in einem Gespräch austauschen.

Die Nebel-, Blätter- und Windgeister

Rhythmikangebot (für 8 Kinder)

Material

Ein CD-Spieler, drei verschiedene CDs zum Thema Nebel, Wind, Blätter (klassische Musik, Marschmusik), je 8 Tücher für den Nebel, die Blätter und den Wind (Tücher aus Gardinenstoff für die Nebelgeister, leichte bunte Tücher für die Blättergeister, leichte graue Tücher für die Windgeister), je 8 Handtrommeln (Nebel), Schellenbänder (Blätter) und Rasseln (Wind)

Raumvorbereitung

Im Gymnastikraum werden alle Tücher in der Mitte ausgelegt.

Einstieg

Die Kinder sitzen im Kreis um die Tücher herum und die Erzieherin erzählt folgenden Vers.

Vers

Die Nebelgeister ziehn durchs Land,
sie haben Nebel in der Hand.
Sie tanzen munter hin und her,
ich mag den Nebeltanz so sehr.

Die Blättergeister ziehn durchs Land,
sie haben Blätter in der Hand.
Sie tanzen munter hin und her,
ich mag den Blättertanz so sehr.

Die Windgeister, die ziehn durchs Land,
sie haben Wind in ihrer Hand.
Sie tanzen munter hin und her,
ich mag den Windtanz ja so sehr.

Hinweis

Nach diesen ersten Strophen kann ein Gespräch über die Jahreszeit folgen, in der diese Geister ihr Unwesen treiben. Nun werden die zwei weiteren Strophen vorgetragen.

Vers

Der Herbst, er zieht durch unser Land,
hat seine Freunde an der Hand.
(Alle Kinder tanzen und spielen mit einem Tuch.)
Sie tanzen munter hin und her,
ich mag den wilden Herbst so sehr.

Ist dann der wilde Herbst zu Ende,
(alle Kinder fassen sich an und gehen durch den Raum)
reichen die Geister sich die Hände.
gehn gemeinsam dann nach Haus,
(sie setzen sich in eine Raumecke)
ihr wilder Tanz, er ist nun aus.

Danach stellt die Erzieherin den Kindern die einzelnen Musikstücke vor und erarbeitet mit ihnen, welches Musikstück zu welchen Geistern passt. Jetzt ordnen die Kinder auch die Tücher den Geistern zu. Nach diesen Vorarbeiten entscheiden sich die Kinder für den Geist, den sie spielen wollen und holen sich ein entsprechendes Tuch aus der Mitte. Die Strophen werden noch einmal vorgetragen und nach jeder Strophe können die Kinder zu einem passenden Musikstück mit den Tüchern einen freien Tanz machen.

Nun werden die Instrumente in die Mitte geholt und nach einer Experimentierphase den Geistern zugeordnet. Der Vers wird getanzt und mit den Instrumenten begleitet.

Abschluss

Die Kinder werden in 4 Gruppen à 2 Kinder aufgeteilt und der Vers wird gesprochen, mit Instrumenten begleitet und getanzt (Spielerwechsel).

Herbstolympiade: Rollen, kriechen, springen

Hinweis An der Herbstolympiade können 8–10 Kinder teilnehmen. Sie kann im Gymnastikraum, bei schönem Wetter auch draußen durchgeführt werden. Die Kinder sollen hierzu ihre Turnkleidung anziehen.

Vorbereitung Einige Tage vorher werden für alle teilnehmenden Kinder Medaillen gebastelt. Dazu werden aus bunten Herbstblättern kleine Männchen zusammengetackert und an einem Band aufgehängt.

Material Kletter- und Krabbelgeräte, Gymnastikstäbe mit Halterungen, mehrere Gymnastikseile, kleine Tücher, mehrere Turnmatten, eine Decke, für jedes Kind eine Medaille

Einstieg Die Kinder nehmen auf der Decke Platz. Sie werden zu einer Herbstolympiade eingeladen.

Ich kann mich rollen, wälzen, drehen ...

1. Rolle vorwärts

Ein Kind geht tief in die Hocke, stützt sich mit beiden Händen am Boden ab *(die Finger zeigen nach vorne)*, zieht das Kinn an die Brust, hebt das Gesäß und rollt nach vorne.

2. Rollende Tonne
Ein Kind legt sich lang auf die Erde. Die Hände werden lang über dem Kopf ausgestreckt. Nun rollt es sich seitlich durch den Raum.

3. Windmühle
Je zwei Kinder kreuzen die Arme, fassen sich an und drehen sich so schnell es geht.

Ich kann kriechen und krabbeln ...
1. Der Tausendfüßler
Die Kinder knien hintereinander auf dem Boden. Mit den Händen umfassen sie die Fußgelenke des Vordermannes. Nun krabbeln sie durch den Raum, ohne sich loszulassen. Ein bisschen schwieriger wird es, wenn im Raum Hindernisse aufgestellt werden, um die die Kinder herumkrabbeln müssen.

2. Die Kriech- und Krabbelstraße
Mithilfe von Gymnastikstäben und entsprechenden Halterungen werden in verschiedenen Höhen Hindernisse aufgestellt. Die Kinder müssen darunter durchkriechen.

Ich kann springen, hüpfen, balancieren ...
1. Froschsprung
Es werden Matten auf den Boden gelegt. Jedes Kind versucht, wie ein Frosch von einer Matte auf die andere zu springen. Es sollte dabei die Matte nicht verfehlen, denn sonst fällt es in den See.

2. Einbeinsprung
Jedes Kind versucht, eine bestimmte Strecke auf einem Bein zu hüpfen.

3. Seiltänzer
Die Kinder balancieren über ein Seil auf dem Boden.

Ich kann laufen ...

1. Laufen mit Hindernissen

Jedem Kind werden mit einem Tuch locker die Beine zusammengebunden. Wer kommt trotzdem schnell ins Ziel?

2. Dreibeinlauf

Das rechte Bein eines Kindes wird mit dem linken Bein eines anderen Kindes leicht zusammengebunden. Welches Paar kommt am schnellsten voran?

3. Vierfüßlergang

Jedes Kind geht auf Händen und Füßen eine bestimmte Strecke.

Ich kann klettern und springen ...

Ein Kletterparcours wird mit den vorhandenen Geräten aufgebaut. Je nach Mut überwinden die Kinder den Parcours kletternd und springend.

Abschluss

Die Kinder können über ihre Erfahrungen, Erfolge und Schwierigkeiten bei der Olympiade sprechen und bekommen zum Schluss eine Medaille.

Der fremde Baum

Darstellungsspiel

Material Tücher, Eicheln, Kastanien, entsprechender Kopfschmuck für Hasen-, Vogel- und Käferdarsteller, ein Weidenkorb, ein großes grünes Tuch (eingefärbtes Betttuch), ein Korb mit vielen verschiedenen Blättern (u. a. Eichenblätter)

Vorbereitung Vier Kinder als Bäume verkleiden (drei Eichen, eine Kastanie), zwei Kinder als Hasen, zwei Kinder als Vögel, drei Kinder als Käfer (mit Tüchern und entsprechendem Kopfschmuck). Ein großes grünes Tuch (eingefärbtes Betttuch) in die Raummitte legen.

Hinweis Die Eichendarsteller halten in der Hand Eicheln versteckt. Der Kastanienbaumdarsteller hält Kastanien in der Hand versteckt. Drei Kinder tragen gemeinsam einen kleinen Weidenkorb. Das pantomimische Spiel der Darsteller gibt die Geschichte vor.

Einstieg Die Erzieherin stellt den Korb mit den Blättern in die Kreismitte. Die Kinder erfühlen und beschreiben die Blätter. Die Erzieherin nimmt ein Eichenblatt heraus und benennt es. Aus den vielen Blättern werden nun gemeinsam alle Eichenblätter herausgesucht und zur Seite gelegt. Dann lädt die Erzieherin zu einer Geschichte ein, die zunächst ohne pantomimische Darstellung erzählt wird.

Geschichte

In einem Park stehen viele große Eichenbäume *(die Eichendarsteller stehen mit ausgebreiteten Armen im Kreis).* Sie tragen ein prächtiges Blätterkleid und im Herbst erfreuen sich die Menschen und auch die Tiere an ihren Früchten. Es sind schon sehr alte Bäume, das erkennt man an ihrem dicken Stamm. Wie lange sie hier im Park stehen, das weiß niemand von ihnen so genau. Im Laufe der Jahre haben sie viele Freunde bekommen.

Ein Vogelpaar kommt jedes Jahr zu den alten Bäumen und baut in einem von ihnen ihr Nest. Wenn es fertig ist, verbringen sie dort gemeinsam viele schöne Stunden. Tagsüber fliegen sie fort und abends, da ruhen sie sich wieder in ihrem warmen Nest in dem großen Baum aus.

Auch zwei Hasen haben sich hier unter einem Baum einen Schlafplatz ausgesucht. Tagsüber hoppeln sie durch den Park und vergnügen sich. Abends rücken sie unter einem Baum dicht zusammen und schlafen hier beschützt und zufrieden ein.

Sogar die kleinsten Wiesentiere finden es hier bei den Bäumen schön. Eine ganze Käferschar krabbelt über die Wiese, sucht sich einen Baum und hält dort ihren täglichen Mittagsschlaf.

Die dicken alten Eichen fühlen sich hier sehr wohl, denn sie spüren, dass sie sehr wichtig sind. Sie haben den ganzen Tag viel Ablenkung und deshalb bemerken sie gar nicht, dass mitten zwischen ihnen ein winzig kleiner Baum heranwächst. Es ist ein Setzling und er hat ganz kleine zarte Blätter und einen Stamm, so dünn wie ein Strohhalm *(Kastaniendarsteller sitzt in der Hocke).* Die dicken alten Bäume wundern sich. Er hat ganz andere Blätter als sie. „Was bist du für ein Baum?", fragt eine Eiche. Doch der kleine Baum weiß es nicht. Er weiß nicht, wie er heißt. „Wie bist du hierher gekommen?", fragt eine andere Eiche. Doch auch auf diese Frage hat der kleine Baum keine Antwort. Die Tage vergehen und der kleine Baum wächst und wächst *(die Kastanie steht langsam auf).* Als er schon sehr groß ist, erkennen die alten Eichen, dass es keiner von ihnen ist. Es ist ein Fremder. Auch die Hasen, die Vögel und die Käfer betrachten den Fremden mit kritischen Augen. Sehr schön finden sie es nicht, dass sich hier ein fremder Baum so breit macht. Also nehmen sie wieder unter ihren altbekannten Bäumen Platz.

Als der Herbst ins Land zieht, sehen sie mit einem Mal, dass der fremde Baum runde, stachelige Kugeln trägt *(der Kastaniendarsteller ballt die Hände zur Faust)*. „Es ist schon ein merkwürdig Baum", sagt eine Eiche und lässt ein Paar Eicheln auf die Erde fallen. Auch die anderen Eichen lassen nun nach und nach ihre Früchte fallen. Das mögen die Hasen. Sie kommen und fressen sich an den Eicheln satt.

„Was die können, kann ich auch", flüstert leise der Fremde und lässt auch seine Früchte zur Erde fallen „Was ist das?", staunen da die Tiere. Die Früchte des Fremden sind ja viel größer und dicker. Sie sind so rund wie eine Pflaume. Schnell kommen sie und beschnuppern und beknabbern die fremden Früchte. „Hmmmh, die schmecken aber gut", sagt ein Hase und knabbert genüsslich weiter. Die dicken Eichen hören und sehen, wie die Tiere sich an den Früchten des fremden Baumes satt essen. Mit einem Mal kommen Kinder. Sie tragen einen Korb und sammeln darin die Eicheln. „Schaut mal, Kastanien“, ruft eines der Kinder. Freudig laufen sie zu dem Kastanienbaum und sammeln die Kastanien auf. „Endlich haben wir Eicheln und Kastanien“, sagt ein anderes Kind. „Damit können wir nun viel besser basteln als vorher“, ruft das dritte Kind. Auch die Hasen freuen sich, denn nun haben sie nicht nur Eicheln, sondern auch Kastanien, an denen sie sich satt essen können. Nun hören die dicken Eichen, dass auch sie noch wichtig sind und schließen Freundschaft mit dem Fremden *(alle Baumdarsteller fassen sich an den Händen).* Seither steht zwischen den Eichen auch eine Kastanie in dem Park und darüber freuen sich die Tiere und die Menschen. Bei schönem Wetter kommen sie in den Park und jeder von ihnen findet einen Lieblingsbaum. Dort ruhen sie sich aus und genießen jeden Tag ihr schönes Leben.

Abschluss

Nachdem die Geschichte einmal erzählt worden ist, werden die Rollen verteilt und besprochen und die Geschichte wird pantomimisch dargestellt.

Spiel und Spaß mit vielerlei Herbstschätzen

Spiele für die Sinne

Was ich in der Hand habe, ist ...

Material Zwei oder mehrere Kastanien, Eicheln, Äpfel, Nüsse, Birnen, Bucheckern, Blätter

Ablauf Die Kinder halten ihre Hände hinter den Rücken. Die Erzieherin legt ihnen jeweils einen Gegenstand in die Hände, den die Kinder erfühlen. Ein Kind beginnt mit der Beschreibung und sagt: „Was ich in der Hand habe, ist ..." Es beschreibt den Gegenstand so lange, bis ein anderes Kind meint, das Gleiche in der Hand zu haben. Es kann sich durch Gegenfragen Sicherheit verschaffen. Glaubt noch ein anderes Kind, ebenfalls diesen Gegenstand zu haben, so kann es sich an dem Frage- und Antwortspiel beteiligen. Erst wenn sich alle einig sind, das Gleiche in der Hand zu haben, flüstern sie sich das Ergebnis zu, sagen es dann laut und zeigen den Gegenstand.

Ich fühle was, was du auch fühlst

Material Zwei große Beutel mit identischem Inhalt (je ein Blatt, eine Kastanie, eine Nuss, ein Apfel, eine Birne, eine Eichel, eine Möhre und andere Herbstfrüchte)

Ablauf Die Kinder sitzen in einem Halbkreis. Die Kinder am Anfang und am Ende des Halbkreises bekommen je einen Beutel. Das erste Kind fasst in den Beutel hinein, greift einen Gegenstand und beschreibt ihn. Das andere Kind versucht nun, mithilfe der Beschreibung den gleichen Gegenstand zu erfühlen. Wenn es ihn gefunden hat, sagt es: „Ich habe ihn." Beide Kinder holen den Gegenstand heraus und sehen jetzt, ob der eine gut beschrieben und der andere gut gefühlt hat.

Auf Tuchfühlung gehen

Material Je zwei gleiche Herbstfrüchte (Kastanien, Eicheln, Nüsse etc.), ein großes braunes Tuch

Ablauf Einige Kinder werden gebeten, den Raum zu verlassen. Nun legt die Erzieherin die Herbstfrüchte (insgesamt so viele, wie Kinder den Raum verlassen haben) gut gemischt auf den Boden und bedeckt sie mit dem braunen Tuch. Die Kinder werden zurückgeholt und dürfen nun jeweils einen Gegenstand unter dem Tuch in die Hand nehmen und ihn erfühlen. Anschließend wird ein Kind aufgefordert, zu beschreiben, was es in der Hand hält. Glaubt ein anderes Kind, den gleichen Gegenstand zu erfühlen, sagt es: „Ich habe das auch." Dann beschreibt das nächste Kind, was es fühlt usw. Erst wenn alle Kinder ihren Gegenstand beschrieben bzw. aus der Beschreibung erkannt haben, wird das Tuch weggenommen. Nun können alle sehen, ob sie die Fühlaufgabe richtig gelöst haben.

Das Schmeckmemory

Material Je 2 Stücke Obst, Gemüse oder Nüsse, je zwei Bilder dieser Nahrungsmittel

Ablauf Die Kinder bilden mit der Hand eine Schale und schließen die Augen. Die Erzieherin legt die Bilder in die Kreismitte. Dann gibt sie jedem

Kind ein Stück Obst, Gemüse oder eine Nuss in die Hand. Die Kinder probieren und essen, was sie in der Hand halten. Entdecken die Kinder in der Kreismitte das Bild des Nahrungsmittels, das sie erschmeckt haben, stellen sie sich darauf. Die Erzieherin bestätigt, ob alle richtig geraten haben.

Ich schmecke was und das ...

Material Zerkleinertes Obst, Gemüse, Nüsse, Marmelade, Brot, ein Abdecktuch

Ablauf Die Kinder sitzen im Stuhlkreis. In der Mitte liegen auf einem Tisch die Nahrungsmittel unter einem Abdecktuch bereit. Vier Kinder bilden das Rateteam und setzen sich so, dass sie nicht in die Kreismitte schauen können. Ein Kind aus dem Stuhlkreis kommt zur Erzieherin, sucht sich ein Nahrungsmittel aus, isst und beschreibt es. Das Rateteam ist nun gefordert, herauszufinden, was da gegessen wurde. Dabei können sich die Kinder untereinander verständigen. Sind sich die vier einig, sagen sie laut, worum es sich handelt. Die Kinder im Stuhlkreis klatschen, wenn es richtig ist, und trampeln, wenn es falsch ist. Nun kann ein neues Rateteam gebildet und ein anderes Kind zum Schmecker werden.

Geschicklichkeitsspiele

Der Kastanienfänger

Material 8 Kastanienfangbecher (vorbereitet von der Erzieherin: eine Kastanie durchbohren, einen langen Wollfaden durchziehen und verknoten. Das Ende des Wollfadens von innen durch ein Loch im Boden eines Plastikbechers ziehen und fest von außen verknoten. Nun hängt an dem langen Band eine Kastanie)

Ablauf Die Kinder bilden 2 Gruppen und versuchen jeweils, mit dem Fangbecher ihre Kastanie aufzufangen. Das Kind, das es geschafft hat, setzt sich. Wie lange dauert es, bis alle Kinder einer Gruppe sitzen, d. h. bis alle Kastanien im Becher sind? Welche Gruppe hat es zuerst geschafft?

Nusssuppe

Material Pro Mannschaft ca. 5 Nüsse, für jedes Kind einen Suppenlöffel, zwei Teller, zwei Tische, zwei Töpfe

Ablauf Die Kinder bilden zwei Mannschaften, die einander gegenübersitzen. Am Start steht jeweils ein Topf mit 5 Nüssen. Am Ziel, also am Ende der beiden Reihen, steht jeweils ein leerer Teller auf einem Tisch. Jedes Kind hält einen Suppenlöffel in der Hand. Auf das Startsignal hin holt das erste Kind einer Mannschaft mit dem Löffel eine Nuss aus dem Topf, die nun von Kind zu Kind mit dem Löffel weitergegeben wird, bis sie das letzte Kind auf dem Teller ablegt. In der Zwischenzeit wird schon die zweite Nuss weitergegeben usw. Welche Mannschaft hat als Erste alle Nüsse auf dem Teller abgelegt?

Tannenzapfensuche

Material Zwei 10 Liter-Eimer Sand, 2 x 10 Tannenzapfen, zwei große Wannen

Ablauf Je 1 Kind sitzt an einer mit Sand gefüllten Wanne. Darin sind jeweils 10 Tannenzapfen versteckt.
Die Kinder schlüpfen in die Rolle der Eichhörnchen, die Zapfen für ihren Wintervorrat suchen. Auf ein Kommando hin wühlen und suchen sie in dem Sand nach den Zapfen. Wer hat zuerst die 10 Zapfen entdeckt?

Die Herbstsonne deckt dich zu

Entspannungsreise

Material Viele gelbe Servietten, 6 gelbe Igelbälle, eine gelbe Glühbirne, eine Schreibtischlampe, CD mit Entspannungsmusik, CD-Spieler, eine Duftlampe mit einer Mischung aus Wasser und höchstens 3 Tropfen ätherischem Öl (Orange = leicht, sonnig, warm), ein Zauberstab, viele gelbe Wattebällchen, ein Massageölgemisch (aus 10 ml Basisöl, z. B. Mandelöl, und 3 Tropfen ätherischem Öl, z. B. Orange), ein großes gelbes Seidentuch, für jedes Kind ein gelbes oder weißes Badetuch, ein gelbes oder weißes Handtuch, eine Decke, ein kleines Kissen

Hinweis Die Kinder sollten nur leicht bekleidet sein.

Raumvorbereitung Der Raum ist erwärmt. Die Decken liegen in Kreisform, die Mitte wird mit dem gelben Tuch und der Duftlampe mit dem Duftgemisch gestaltet. Alle anderen Gegenstände liegen griffbereit. Eine Lampe (zunächst mit einem klaren Licht) erhellt den Raum.

Einstieg Entspannungsmusik ertönt. Die Kinder setzen sich auf eine Decke und werden gebeten, der Musik zuzuhören. Dabei können sie versuchen, sich langsam zu entspannen. Nach dieser kurzen musikalischen Einstiegsphase werden sie von der Erzieherin mit einem Zauberstab berührt und können nun frei durch den Raum gehen. Die Musik begleitet sie. Wenn die Musik verklingt (Erzieherin stellt die Musik leise), nehmen sie wieder Platz.

Ablauf

Die Kinder werden nun gebeten, mit der Hand eine Schale zu bilden und wenn sie möchten, die Augen zu schließen. Die Erzieherin gibt jedem Kind einen gelben Igelball. Die Kinder können den Ball erfühlen und sich mit musikalischer Begleitung selbst eine Körpermassage geben. Dadurch öffnen und stimulieren sie ihre Haut für die anschließende Erlebnisreise *(wenn die Kinder das wünschen, können sie sich auch jetzt schon gegenseitig massieren)*. Nachdem die Erzieherin die Musik abgestellt hat, legen die Kinder ihren Ball auf das gelbe Tuch und erspüren in der Stille ihr Hautgefühl.

Hinweis

Wenn es den Kindern möglich ist, können sie in einem Gespräch ihre Empfindungen mitteilen.
Die Erzieherin kann das Gespräch auf die Sonne lenken, auf die Wärme und die Entspannung, die sie bietet. Sie kann die Kinder auffordern, tief zu atmen, um über das Dufterlebnis das Gefühl zu intensivieren.
Danach legen sich die Kinder entspannt auf den Rücken, atmen tief ein und aus und werden, begleitet von Entspannungsmusik, zu einer Erlebnisreise eingeladen.

Erlebnisreise

Lausche nun ganz aufmerksam der Musik und spüre deinen Körper.
Spüre deine Füße und Beine, deine Finger und Arme, deinen Bauch, deinen Rücken, deinen Kopf, spüre deinen ganzen Körper.
Schau einmal, was deine Augen machen wollen.
Wenn sie sich ausruhen wollen, so wie dein ganzer Körper, dann kannst du sie schließen.
Für einen Augenblick wird es nun dunkel, doch dann kommt die Herbstsonne, die dir heute ihre Wärme schenken will.
(Die Erzieherin ersetzt den klaren durch einen gelben Leuchtkörper.)
Sie will dich noch einmal vor dem Winter mit ihren warmen Strahlen zudecken.
Bleib ruhig liegen und spüre, welcher Körperteil warm zugedeckt wird.
(Die Erzieherin deckt mit einer gelben Serviette jeweils einen Körperteil der Kinder zu. Dann geht sie herum und deckt einen anderen Körperteil zu… Das Zudeckspiel beendet die Erzieherin nach eigenem Ermessen.

Am Ende bleiben die Kinder eine kurze Zeit liegen, um ihnen Gelegenheit zu geben, die entstehende Wärme zu spüren.)

Bleib auf deiner Decke liegen und spüre, wie die Wärme dich entspannt und beruhigt.

Kurze Pause

Ganz langsam wird die Sonne dich jetzt wieder verlassen.
Sie lässt jedoch ihre Wärme bei dir.
(Die Erzieherin entfernt nach und nach die Servietten – so behutsam, wie sie zuvor aufgelegt wurden.)
Die Herbstsonne ist fort und zurück bleibt die Wärme, die dich entspannt und beruhigt.
Deine Erlebnisreise ist beendet und du kannst ganz langsam deinen entspannten Körper wecken. Lass deine Augen noch geschlossen. Bewege langsam deine Zehen, deine Beine, deine Finger, deine Arme, dreh dich mit deinem Körper hin und her, trample mit den Füßen, klatsch in die Hände, box in die Luft, zapple wie ein Käfer, reck und streck dich und öffne dann die Augen.

Hinweis Diese Entspannungsreise kann auch als Einzelangebot durchgeführt werden. In diesem Fall kann jetzt noch eine kurze Zeit der Körper massiert werden.

Abschluss

Bleib noch ein wenig liegen, atme ruhig, reck und streck dich noch einmal und dann setz dich wieder auf deine Decke.
(Die Kinder nehmen das gelbe Licht wahr.)

Die Kinder können, so weit es ihnen möglich ist, in einem Gespräch ihre Empfindungen mitteilen. Vielleicht haben sie, nach dieser Erlebnisreise noch Lust auf eine Duftmassage.

Duft-Massage

Die Kinder bilden Paare. Die Erzieherin erzählt, dass die Sonne für alle Kinder ein Geschenk hat *(sie tropft auf ein Watteballchen einige Tropfen von dem gemischten Massageöl)*. Sonnenduft kann man sich nämlich gegenseitig einmassieren! Dazu wird ein Badetuch auf die Decke gelegt, auf das sich ein Kind legt. Ein anderes Kind massiert den Duft mit dem Wattebällchen in die Haut ein *(Partnerwechsel)*.
Die massierenden Kinder können zur Intensivierung auch ihre Hände mit dem Öl einfetten und damit das liegende Kind massieren. Natürlich muss darauf geachtet werden, dass sich kein Kind gezwungen fühlt, evtl. können auch nur die Hände und Arme massiert werden.
Abschließend können sich die Kinder gegenseitig beschnuppern und noch einmal, wenn sie wollen, ihre Empfindungen äußern.

Geschenke der Natur

Körpererfahrungsspiel

Material Weidenkörbe mit Naturmaterialien, z.B. Steine, Kastanien, Blätter, Äste und Zweige, Tannenzapfen usw. (der Fantasie sind keine Grenzen gesetzt), eine Duftlampe mit Wasser und 3 Tropfen ätherischem Öl (Waldduft), eine Lampe, CD-Spieler mit entspannender Musik, ein großes braunes, leicht fallendes Tuch (Futterstoff), für jedes Kind ein rechteckiges Badetuch und ein kleines Kissen

Vorbereitung Der Raum ist erwärmt. Die Badetücher und die Kissen werden zu Wegen und Straßen zusammengelegt. In der Kreismitte liegen einige Naturmaterialien, die mit dem großen braunen Tuch abgedeckt sind. Die restlichen Materialien liegen griffbereit.

Einstieg Die Kinder werden eingeladen, bei Musik barfuß einen Spaziergang über die Badetuchstraße und den Kissenweg zu machen. Zwischendurch sollen sie immer mal wieder eine kurze Pause einlegen, unter das große Tuch in der Mitte fassen, dort einen Gegenstand erfühlen, ihn herausholen und zwischen die Badetuchstraße und den Kissenweg legen. Beim Weitergehen sollen sie die Dinge mit ihren Füßen erfühlen. Die Kinder machen an dem Tuch so oft eine Pause, bis nichts mehr darunter zu finden ist. Haben sie alle Dinge erfühlt, nehmen sie sich einen Gegenstand und setzen sich auf das große braune Tuch. Ein Gespräch über das Erlebte schließt sich an.

Ablauf

Die Kinder erfahren die Geschenke der Natur mit ihren Sinnen *(bei entspannender Musik noch einmal fühlen, riechen, den Körper abklopfen, abrollen usw.)*. Die Naturgeschenke können in dieser Phase auch untereinander ausgetauscht werden.
In einem Gespräch berichten die Kinder über ihre Körperempfindungen. Dann bilden sich Paare und zu zweit gehen die Kinder mit ihrem Geschenk noch einmal über die Badetuchstraße und den Kissenweg, nehmen sich ein Badetuch, suchen sich im Raum einen Platz und breiten das Badetuch aus.

(Entspannungsmusik)
Ein Kind legt sich auf das Badetuch, das andere massiert dieses mit den zwei Naturgeschenken. Immer wieder können diese natürlichen Massagegeräte ausgetauscht werden, d. h. aus der Mitte bzw. aus den Weidenkörben können andere Naturmassagehilfen geholt werden. Nach einer gewissen Zeit werden die Rollen getauscht. Die Kinder berichten über ihre Körpererfahrungen.

Abschluss

Die Duftlampe wird in die Mitte gestellt, vom braunen Tuch umgeben und nun legen alle gemeinsam mit den Geschenken der Natur ein Mandala (Entspannungsmusik).

Blätter im Herbstwind

Körpergeschichte

Material 4 Beutel bunte Wattebällchen, ein leichtes, dünnes grünes Tuch für die Kreismitte, eine Duftlampe mit einem leichten Duft, z. B. Orange, CD-Spieler, je 1 CD mit entspannter und beschwingter Musik, für jedes Kind eine Decke und ein Kissen

Einstieg Die Decken liegen in Kreisform und die Mitte ist mit dem grünen Tuch gestaltet. Darunter liegen viele bunte Watteballchen. Die Kinder erfühlen, was sich unter dem Tuch verbirgt. Danach wird das Tuch entfernt und die Erzieherin erzählt, dass heute die Watteballchen Herbstblätter darstellen sollen. Die beschwingte Musik wird leise angestellt und die Kinder tanzen mit den Watteballchen (Herbstblättern) durch den Raum. Dabei sind ihrer Fantasie keine Grenzen gesetzt. Sie können die Bällchen durcheinander pusten, sie hochwerfen, sie auf der Hand tragen usw. Nachdem die Musik leiser gestellt worden ist, werden alle Bällchen eingesammelt und wieder in die Mitte gelegt.

Die Kinder bilden Paare. Ein Kind legt sich auf die Decke, das andere Kind stellt die folgende Geschichte mit zwei Watteballchen auf dem Rücken des liegenden Kindes dar.

Geschichte Große dunkle Wolken ziehen am Himmel entlang *(mit dem Finger einen großen Kreis auf dem Rücken malen)*. Ein starker Wind schiebt sie schnell voran *(pusten)* und er lässt das Laub in der Luft fliegen. Lautlos segelt ein Blatt hernieder und landet direkt auf deinem Körper *(mit einem Watteballchen auf einem Körperteil, z. B. dem Bein, einschweben)*. Der Wind pustet es auf deinem Körper hin und her *(pusten)*. Spür einmal, wo es überall ist *(mit dem Watteballchen auf dem Körper hin und her hüpfen)*. Mit einem Mal bekommt unser Blatt Besuch. Ein zweites Blatt fällt auf deinen Körper *(mit der anderen Hand ein Watteballchen auf ein Körperteil legen)*. Gemeinsam werden sie vom Wind hin und her und auf und ab gepustet *(pusten und mit beiden Watteballchen munter auf dem Körper hin und her hüpfen)*. Sie springen und hüpfen so leicht und lautlos wie Luftblasen. Du spürst die sanfte Berührung. Jetzt bläst der Wind ganz fest und trägt die Blätter fort *(pusten und mit den Watteböllchen über den Rücken streifen)*. Nach diesem ersten Durchgang werden die Partner getauscht.

Abschluss

In einem Gespräch können die Kinder ihre Empfindungen mitteilen. Vielleicht haben sie Lust, weiterzuspielen? Je ein Kind legt sich auf die Decke. Es wird mit vielen, vielen kleinen Watteböllchen zugedeckt. Entspannende Musik begleitet das Spiel *(Partnertausch)*.

Das Herbstmandala

Kreatives Angebot zur Begrüßung der neuen Jahreszeit

Material Je ein Weidenkorb mit herbstlichen Blättern, Gräsern, Zweigen, Kastanien, für jedes Kind ein Teelicht im Glas, eine dicke große Kerze, ein leichter runder Teppich oder ein rundes Tuch, ein CD-Spieler, CD mit ruhiger Musik, eine Lampe

Hinweis Einen Tag vorher suchen die Kinder in ihrer Umgebung Naturmaterialien wie Zweige, Kastanien usw. Diese Materialien werden in kleine Körbe gelegt und für den nächsten Tag bereitgestellt. Blätter und Gräser werden am Angebotstag gesucht.

Einstieg Das Tuch bzw. der Teppich wird in die Kreismitte gelegt. Die Weidenkörbe und das restliche Material stehen griffbereit. Die Kinder sitzen darum herum. Ruhige Musik ertönt. Eine Lampe spendet dem Raum ein wenig Licht. Nun nimmt die Erzieherin die dicke große Kerze, hält sie in der Hand und beginnt mit einer Geschichte.

Geschichte Es war einmal eine Kerze *(Erzieherin zeigt die Kerze)*, die stand das Jahr über in einem dunklen Schrank. Nur wenn eine neue Jahreszeit begrüßt werden sollte, wurde sie aus dem Schrank geholt. So war es auch in diesem Jahr. Die Kerze sollte den Herbst begrüßen. Sie wurde wie jedes Jahr auf ein schönes Tuch gestellt *(die Erzieherin stellt die Kerze auf das runde Tuch)* und dann geschah wie jedes Jahr etwas

Wunderbares. Die Kerze wollte leuchten und deshalb rief sie leise: „Ich bitte um Licht.“ *(Die Erzieherin zündet die Kerze an.)* Kaum hatte sie das gesagt, da brannte sie auch schon. Ihr helles Licht verzauberte den Raum. Sie war stolz auf ihr helles Licht und dann rief sie wie jedes Jahr: „Ich bin so allein, ihr Blätter sollt bei mir sein.“ Kaum hatte sie das gesagt, da kamen viel Blätter und legten sich um die Kerze *(die Kinder holen aus dem Weidenkorb Blätter und legen sie um die Kerze).* Nun war die Kerze zufrieden. Die Blätter glänzten im Kerzenschein. Doch die Blätter waren ihr nicht genug und sie rief: „Ich bin so allein, ihr Gräser sollt bei mir sein.“ Sofort kamen viele schöne Gräser und legten sich in einem großen Kreis um die Blätter *(die Kinder holen den Korb mit den Gräsern und legen sie um die Blätter).*

Nun war die Kerze glücklich. Die Blätter und Gräser glänzten im Kerzenschein. Doch die Blätter und Gräser waren ihr nicht genug und sie rief: „Ich bin so allein, ihr Zweige sollt bei mir sein.“ Mit einem Mal kamen viele Zweige und legten sich um die Gräser *(die Kinder holen den Korb mit den Zweigen und legen sie um die Gräser).* Nun war die Kerze sehr glücklich. Die Blätter, Gräser und Zweige glänzten im Kerzenschein.

Doch die Blätter, Gräser und Zweige waren ihr nicht genug und sie rief: „Ich bin so allein, ihr Kastanien sollt bei mir sein.“ Kaum hatte sie das gesagt, da kamen die Kastanien und legten sich im Kreis um die Zweige *(die Kinder holen den Korb mit den Kastanien und legen sie um die Zweige).*

Nun war die Kerze sehr, sehr glücklich. Ihr wunderschöner Teppich gefiel ihr und sie war stolz. Sie war so zufrieden und glücklich, dass nun auch ihr Schein von einem Augenblick zum anderen heller wurde *(die Teelichter im Glas werden angezündet, die Kinder stellen sie an die Kastanien und die Erzieherin schaltet die Lampe aus).*

So war es richtig, so fühlte sie sich wohl. Jetzt konnte der Herbst ins Land ziehen. Erst spät in der Nacht wurde sie müde und ganz langsam verlosch ihr Licht *(die Kinder blasen nacheinander alle Kerzen aus und bei ruhiger Musik bleiben sie noch einen Augenblick still sitzen).*

Abschluss Die Lampe wird eingeschaltet und die Kinder können über das, was sie gerade erlebt haben, sprechen.

Tipp Dieses Mandala kann als Begrüßung bei einem Herbstfest, in einem gemeinsamen Erntedankgottesdienst oder einfach einmal im Kreis als stilles Angebot gelegt werden. Die Materialien, die um die Kerze herumgelegt werden, können beliebig verändert werden.

Das besondere Angebot

Den Herbstkoboldenauf der Spur

Hinweis

Es ist sinnvoll, dieses Fest auf Gruppenbasis zu veranstalten, damit die Teilnehmerzahl nicht zu groß wird. Suchen Sie sich für die Koboldjagd eine bekannte, gefahrlose, gut begehbare Gegend rund um den Kindergarten oder auch in der näheren Umgebung aus. Das Fest eignet sich als Nachmittagsangebot und könnte den Abschluss des Herbstprojektes bilden.

Material

Wolldecken, Schminke, Wuschelperücken, farbige Handschuhe, Krepppapierbänder, Vorratskorb mit Leckereien als Hauptpreis, ein Bollerwagen, ein Drachen, ein Hammer, ein kleiner Korb mit bunten Blättern, Äpfeln, Kartoffeln, eine Kürbismaske, eine Laterne, ein Schirm, eine Mütze, ein Stiefel, bunte Blätter, 5 Kuscheltiere, Kastanien, viele kleine Äste und Zweige, Zettel, Stifte, zwei kleine Schuhkartons, etwas zum Abschminken

Vorbereitung

Zwei Erzieherinnen oder den Kindern bekannte Personen verkleiden sich als Herbstkobolde. Dazu wird in eine Wolldecke ein Loch geschnitten, sodass diese wie ein Poncho übergezogen werden kann. Das Gesicht der Herbstkobolde wird grün, blau oder braun ge-

schminkt, die Augen- und Mundpartie wird stark betont. Auf dem Kopf tragen die Kobolde Wuschelperücken (Wischmopp oder Perücken aus der Karnevalszeit). Farbige Handschuhe verdecken die Hände.
Vorbereitet werden Briefe mit kleinen Aufgaben (Beispiele siehe unten), die an den verschiedenen Stationen ausgelegt werden.

Ablauf

So fantasievoll verkleidet treiben die Herbstkobolde ihr Unwesen. Sie legen in einem vorher festgelegten und ausgesuchten Gebiet Spuren (mit bunten Krepppapapierbändern), denen die Teilnehmer folgen. An verschiedenen Stationen gibt es Koboldbriefe mit kleinen Aufgaben, die vor dem Weitersuchen zu lösen sind. Am Ziel finden die Kinder die Kobolde. Eltern und Kinder versuchen nun gemeinsam zu erraten, welche Erzieherinnen oder welche Personen sich hinter den Kobolden verstecken. Die Antworten werden auf Zetteln notiert, gesammelt und aus den richtigen Antworten wird ein Gewinner gezogen. Er bekommt z. B. einen Vorratskorb mit eingemachten oder selbst gebackenen Leckereien.

Einstieg

Die Kinder werden zur Koboldjagd eingeladen. Dazu erzählt die Erzieherin folgende Geschichte.

Geschichte

Die Herbstkobolde Klick und Klack treiben seit einiger Zeit in den Städten und Dörfern ihr Unwesen. Sie sind nur im Herbst aktiv und kommen auf die ulkigsten Ideen. Sie klingeln an Haustüren, klopfen abends an die Fensterscheiben, schreiben nette Briefe und verlieren überall bunte Krepppapierbänder. Niemand hat bisher die Kobolde gesehen. Die Kinder gehen oft den Spuren nach, um sie endlich einmal zu finden. Dieses Versteckspiel macht den Kobolden großen Spaß. Ob die Kobolde wohl irgendwann einmal von den Menschen entdeckt werden? Die Kobolde führen die Menschen immer wieder in die Irre und bisher ist es noch niemandem gelungen, sie zu entdecken. Auch heute haben die Kobolde wieder Spuren gelegt und heute wollen wir versuchen, sie zu finden. Ob uns das wohl gelingt? Gemeinsam wollen wir mit offenen Augen auf Spurensuche gehen und bei der Suche viel Spaß haben.

Spurensuche

Start und Ziel kann der Kindergarten oder ein Ort (Spielplatz) sein, an dem man sich anschließend noch ein wenig aufhalten und miteinander spielen oder plaudern kann.
Die beiden Kobolde gehen voraus. Sie legen mit den bunten Krepppapierbändern Spuren. In einem Bollerwagen haben sie alles dabei, was an den einzelnen Stationen gebraucht wird.
Alle gehen nun den von den Kobolden ausgelegten Spuren nach und sammeln diese sofort wieder ein. An verschiedenen besonders markanten Punkten, wie z. B. an der Kirche, dem Marktplatz, dem Polizeiposten, der Schule, haben die Kobolde für alle einen Brief hinterlegt, der eine Aufgabe enthält, die gelöst werden muss, bevor die Suche weitergehen kann. Manchmal findet sich in diesen Briefen auch ein Hinweis darauf, dass die Kobolde die Menschenkinder in die Irre geführt haben, z. B. auf Umwege oder in Einbahnstraßen, die dann alle wieder zurückgehen müssen.

Hinweis

Bei der Gestaltung der Stationen sind Ihrer Fantasie keine Grenzen gesetzt. Im Folgenden finden Sie Beispiele für eine Koboldjagd mit vier Stationen.

Beispiel

1. Station:
Könnt ihr alle bis 10 zählen? Versucht es einmal gemeinsam. Nun sucht 10 Dinge. Sie haben alle (oder fast alle) etwas mit dem Herbst zu tun. Was ist dabei, das gar nichts mit dem Herbst zu tun hat?
(Eine Kürbismaske, ein kleiner Korb mit Kartoffeln, ein kleiner Korb mit Äpfeln, eine Laterne, ein Schirm, ein Drachen, ein kleiner Korb mit bunten Blättern, eine Mütze, ein Stiefel, ein Hammer. Die Dinge werden gesammelt und sortiert. Sie regen zu einem Gespräch über den Herbst an.)
Leider seid ihr einen Umweg gegangen. Wenn ihr uns finden wollt, geht bitte bis Hausnummer 2 zurück, biegt die erste Straße rechts ein und geht bis zur Tankstelle. Von dort folgt dann wieder den Spuren.

2. Station
Hier halten 5 Tiere ihren Winterschlaf. Nun könnt ihr wühlen und suchen. (Ein Blätterberg ist aufgeschüttet, darin sind 5 Stofftiere versteckt.)

Leider haben wir euch ein wenig in die Irre geführt. Wenn ihr uns finden wollt, geht zurück bis ... (einen bekannten Platz einsetzen) und folgt von dort aus den neuen Spuren.

3. Station:
Hier wird es Zeit, Kastanien zu suchen. Jeder sollte so lange suchen, bis er 5 Kastanien hat. Diese könnt ihr als kleines Geschenk mitnehmen.

Geht den weiteren Weg als Schlange. Fasst euch an den Händen und geht so bis zur nächsten Station. Dort wartet auf euch die nächste Aufgabe.

4. Station:
Jeder sucht sich zwei Äste oder Zweige. Damit wird nun ein gemeinsam ausgesuchtes und gesungenes Lied begleitet. Singt und spielt es so laut, dass die Kobolde es hören können.

Die Kobolde sind ganz in eurer Nähe. Geht den Weg bitte, ohne auch nur ein Wort zu reden, weiter. An der nächsten Station ist das Ziel.

Abschluss

Am Ziel sitzen die Kobolde und die Kinder und Erwachsenen versuchen zu erraten, wer die Kobolde sind (auf Fragen reagieren sie nur mit Nicken oder Kopfschütteln). Die Antworten werden auf Zetteln notiert und von den Kobolden eingesammelt. Danach legen die Herbstkobolde ihre Verkleidung ab und entfernen vor den Augen der Erwachsenen und Kinder die Schminke. Aus den richtigen Antworten wird der Tagessieger ermittelt, der als Preis den herbstlichen Futterkorb bekommt.
Nun ist die Suche nach den Herbstkobolden beendet. Aber es kann noch ein wenig geplaudert oder gespielt werden.

Tipp

Die Spiele, Mitmachgeschichten und Lieder aus diesem Herbstprojekt können den bunten Rahmen für die Abschlussrunde bilden. Wie wär's mit einem gemeinsamen Lagerfeuer oder einem festlichen Abschluss der Herbstreise in einer warmen Scheune? Hier können auch Herbstlieder oder bekannte Spiele, die alle sofort mitspielen können, wie Kartoffellauf, Sackhüpfen, Plumpsack, blinde Kuh usw., zum Einsatz kommen.

Weitere Literatur von Ingrid Biermann

Sach- und Fachbücher

Ingrid Biermann
Ideenblitze für Frühlings- und Sommertage
Verlag Herder, Freiburg 2009

Ingrid Biermann
Klara und die 24 Weihnachtsmäuse
Advent im Kindergarten erleben
Verlag Herder, Freiburg 2008

Ingrid Biermann
Frühlingszeit mit Klara und den Mäusen
Frühling im Kindergarten erleben
Verlag Herder, Freiburg 2009

Ingrid Biermann
Spiele zur Wahrnehmungsförderung
Verlag Herder, Freiburg, 13. Auflage 2008

Bilderbücher

Ingrid Biermann
Fischers Fritz und Schneiders scharfe Schere
Spielideen zur Sprachförderung
Verlag Herder, Freiburg, 8. Auflage 2008

Ingrid Biermann
Wir spielen Geschichten zum Mitmachen, Raten und Gestalten
Verlag Herder, Freiburg, 4. Auflage 2006

Ingrid Biermann
Musikalische Förderung für Kleinkinder
Ideen für Krippe, Kita und Tagesmütter
Verlag Herder, Freiburg, 4. Auflage 2009

Ingrid Biermann
Kleinkinder entdecken ihre Umgebung
Ideen für Krippe, Kita und Tagesmütter
Verlag Herder, Freiburg, 3. Auflage 2009

Ingrid Biermann
Konzentration fördern mit Kindern von 5–9 Jahren
Das 28-Tage-Erfolgsprogramm
Verlag Herder (Kreuz-Verlag), Freiburg 2004